前 言

    在从三级棋士升级为二级棋士的过程中，棋手必然会认识到实战对局和临场发挥的重要性。很多棋手都曾经在比赛中错失良机，感到后悔；或因对棋局的判断犹豫不决，在开局阶段无法制订后续计划而感到困惑。

    从三级棋士到二级棋士标志着从爱好者到合格棋手的转变。在这一阶段，棋手需要加强训练频率和强度，以更高的标准要求自己，为比赛做好准备。

    本书配套的练习册涵盖学习内容和训练计划，包括计时的两步杀、简单战术、棋评练习（涉及高水平棋手在意大利开局和西班牙开局的例局棋评练习），以及不限步数的进攻计算力练习。对于练习部分，建议按时完成，进行计时操作，以逐步适应正式比赛的时间要求。做练习时强调时间和正确率，而棋评部分要求记录关键步骤和真实想法，学习高手的对局，注重开、中局棋局转化的把握。为了更好地记忆和理解，可以反复研读思考。习题环节的训练安排可以根据个人情况进行调整，对于感兴趣或需要加强的部分，建议棋手通过更多渠道进行补充学习。

从三级棋士到二级棋士

谢军
国际象棋教程

谢军 著

人民邮电出版社

北　京

图书在版编目（CIP）数据

谢军国际象棋教程. 从三级棋士到二级棋士 / 谢军
著. -- 北京 : 人民邮电出版社, 2024.1
ISBN 978-7-115-62532-8

Ⅰ. ①谢… Ⅱ. ①谢… Ⅲ. ①国际象棋－教材 Ⅳ.
①G891.1

中国国家版本馆CIP数据核字(2023)第161250号

免责声明

内 容 提 要

国际象棋是世界上最流行的智力运动项目之一，融汇了人类历史的文明精华，是行之有效的
教育工具。孩子学下国际象棋，不仅可以有效开发智力、启迪思维，还能养成胜不骄、败不馁的
坚韧品格。

本书是世界国际象棋联合会副主席、中国首位"棋后"谢军编写的"谢军国际象棋教程"系
列中的第五本，按照对二级棋士的水平要求编写，细致讲解了双象杀王、马象杀王、马象残局等
残局知识，引入、引离、腾挪等中局战术，以及经典的意大利开局和西班牙开局下法。通过对本
书的学习，读者可以系统掌握从三级棋士到二级棋士应具备的国际象棋知识与技术。

◆ 著　　　　谢　军
　　责任编辑　裴　倩
　　责任印制　马振武

◆ 人民邮电出版社出版发行　　北京市丰台区成寿寺路 11 号
　　邮编　100164　　电子邮件　315@ptpress.com.cn
　　网址　https://www.ptpress.com.cn
　　北京瑞禾彩色印刷有限公司印刷

◆ 开本：700×1000　1/16
　　印张：7.75　　　　　　　　2024 年 1 月第 1 版
　　字数：167 千字　　　　　　2024 年 1 月北京第 1 次印刷

定价：49.80 元（附小册子）

读者服务热线：**(010)81055296**　印装质量热线：**(010)81055316**
反盗版热线：**(010)81055315**
广告经营许可证：京东市监广登字 20170147 号

目　录

第1课

残局（一）
双象杀王、马象杀王

学习目标

1 掌握双象杀王的知识及应用技巧
2 了解马象杀王的知识

知识讲解

　　实施双象杀王时要把受攻击一方的王逼到边线角格位置，然后用一个象和己方的王分别控制住对方王出逃的路线，最后用另外一个象实施将杀。一个象可以在斜线上控制一种颜色的格子，要想全面控制住对方王的行动空间，就需要另外一个象协同作战控制另外一种颜色的格子。双象杀王看似复杂，待充分掌握了规律之后，用双象轮流控制棋盘上不同颜色的格子，协同己方的王一起将对方的王逼到棋盘边线及角格只是花费步数多少的问题。马象杀王与双象杀王原理相同，马象杀王的难点在于必须把单王逼迫到与象相同颜色的棋盘角格位置才能实现将杀目标。因此，马象杀王的难度高于双象杀王。

♛ 要点1：双象将杀的局面

　　图1是双象杀王的最终局面，黑王被逼到棋盘的角格中，白方用王和白格象严守住黑王逃跑路线，用黑格象给出致命一击。

　　双象杀王需要把对方的王逼到棋盘的角格位置上。通常，优势方取胜的方法不止一种，关键在于掌握双象行动的节奏。

　　在这个过程中，第1步：双象轮番控

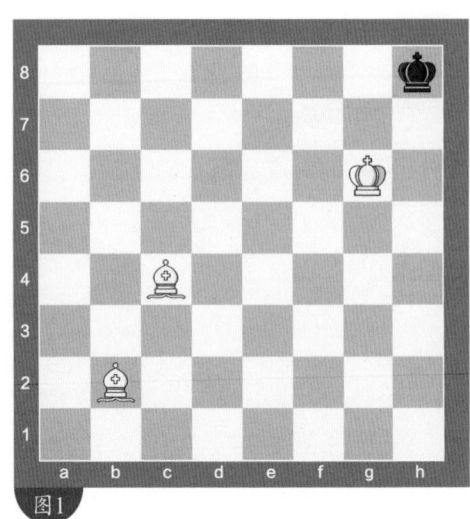

图1

制不同颜色的格子，借助王的力量把对方的王逼迫到棋盘的边线及角格中；第2步：用王和一个象控制住王的逃跑路线，另外一个象实施将杀。

 要点2：在棋盘角格制造将杀

当王已经被逼迫到棋盘角格上时，双象制造将杀需要掌握好行动节奏。

图2

图2中轮到白方走棋。此时白王尚未充分起到限制对方王的作用，根据"王和一个象控制对方王的逃跑路线"的原则，我们先要调整白方王的位置。

1. 王g5（图3）

象已经控制住g8格，现在白王要想办法限制住黑王向其他位置的移动。

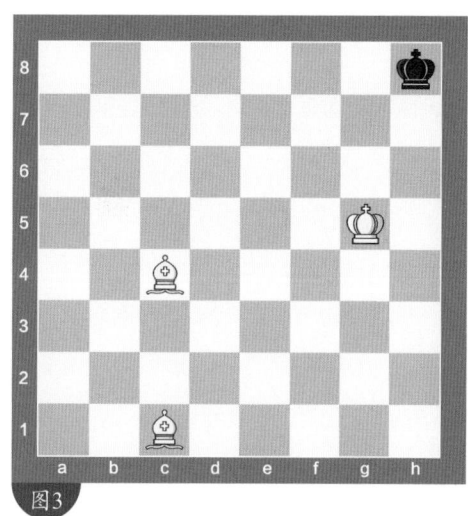

图3

注意，白方在子力调动的时候不能光想着如何"完美"地限制黑王的活动空间，要时刻注意逼和情况的出现。例如现在如果白方走1.王g6??（图4），将形成逼和局面。

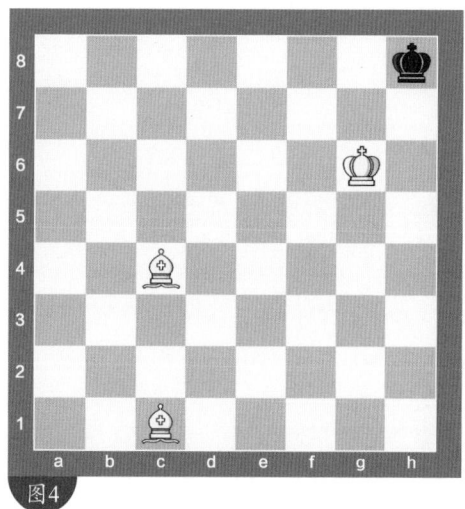

图4

1...王g7 2.象a3（图5）

等待的策略。白方这步棋的目的是控

制住黑王走向f8，阻止其靠近棋盘中央格子。

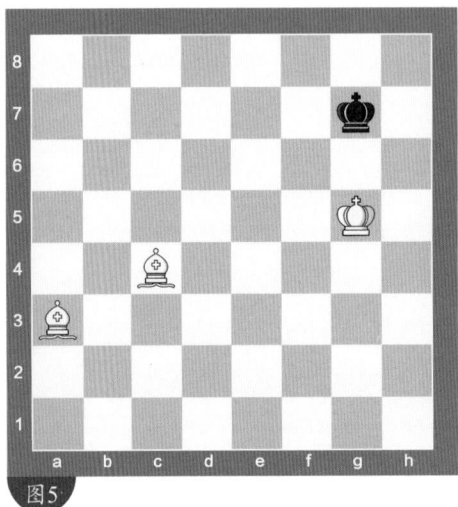

图5

4... 王h8 5. 王f7（图7）

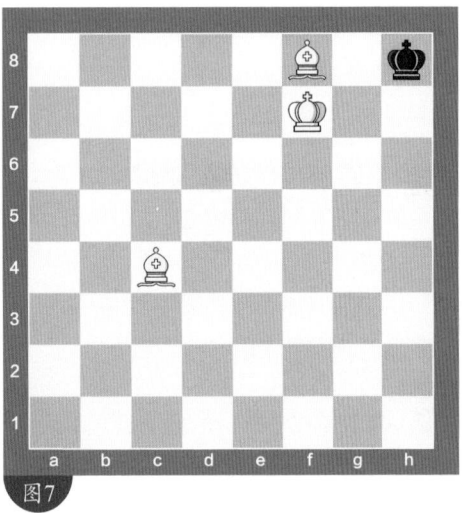

图7

2... 王h8 3. 王f6 王h7 4. 象f8（图6）

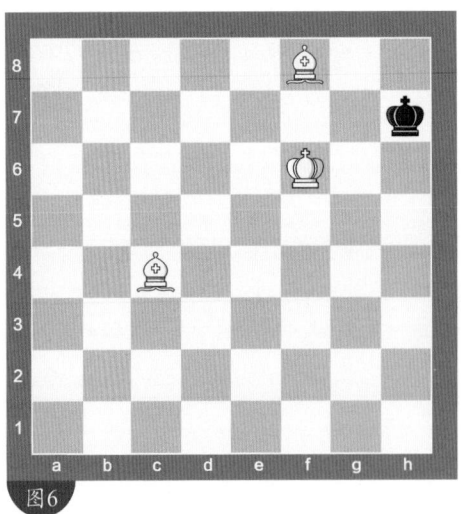

图6

白方用象控制住黑王走向h6的行进道路。

白方用王控制住g8，让行动更为灵活的白格象去攻击走到h7的黑王。黑王一直被禁锢在棋盘角格区域的有限空间之中，白方实施最后一击的准备工作已经到位。

5... 王h7 6. 象d3+ 王h8 7. 象g7#

白胜。

要点3：从棋盘任意一个格子到角格

图8中轮到白方走棋。目前白方首要的任务是让自己的王参与到战斗中。

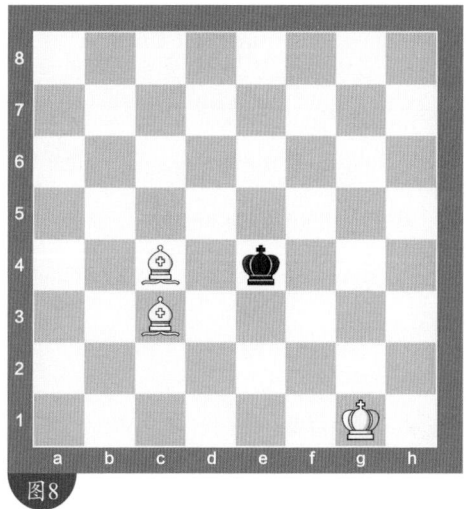

图8

在黑王只能往棋盘边线上走。

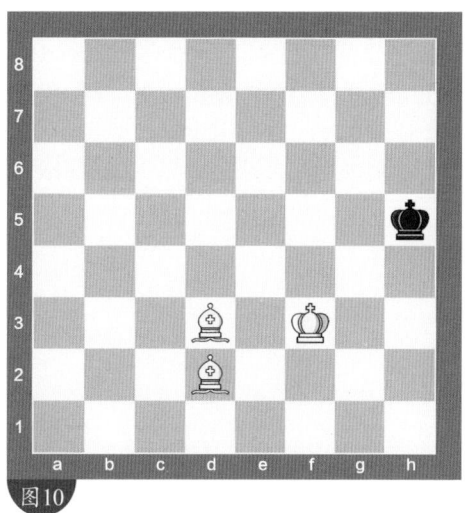

图10

1. 王f2 王f4 2. 象d3 王g4 3. 象d2（图9）

图9

两个象分别控制住黑王的活动区域，不让黑王回到棋盘中心位置。

3... 王h5 4. 王f3（图10）

白王进一步控制黑王的活动路线，现

注意，白方不能走4. 王g3??，这一步棋将会使局面形成逼和。

4... 王h4 5. 象g6 王h3 6. 象g5（图11）

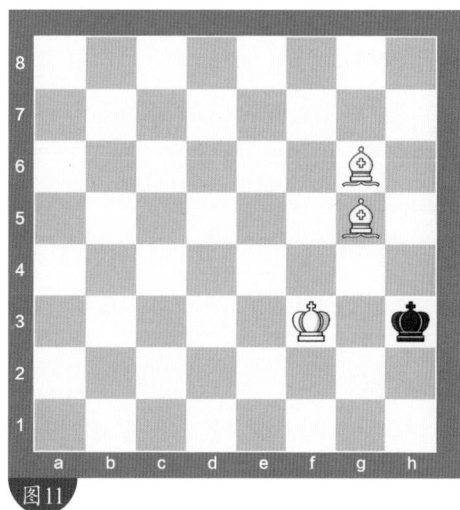

图11

白方的两个象交错上阵，控制黑王活动的路线。

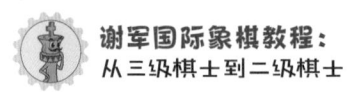
6...王h2 7.王f2 王h3

这里需要注意，假如黑方走7...王h1，白方最强的应对着法是8.象f5!（图12）。

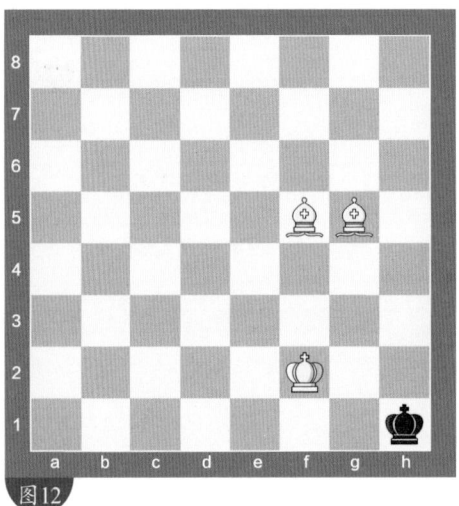

图12

白象预先将黑王可能走到的h3格控制起来。接下来8...王h2 9.象f4+ 王h1 10.象e4#。

黑方7...王h3的走法也改变不了棋局的结果，将杀黑王的准备工作已经一切就绪。

8.象f5+ 王h2 9.象f4+ 王h1 10.象e4#

白胜。

双象杀王小结：在逼迫对方王走向棋盘角格的战斗过程中，象和王协同作战，双象轮番控制不同颜色格子便可以将王的活动空间牢牢限制住。

双象杀王的关键条件如下：

1. 双象杀王的最后局面中弱方的王必须在棋盘角格；

2. 双象轮番控制不同颜色的格子，同时，强方的王要及时参与战斗；

3. 注意不要逼得太紧，避免逼和局面出现。

♛ 要点4：马象杀王的 最终局面

马象杀王的征程比较漫长，最终将杀形成类似下面的局面。

图13中轮到白方走棋，1.象d5将杀。

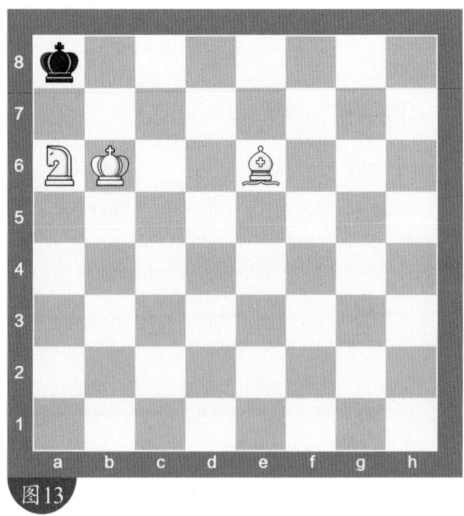

图13

图14中轮到白方走棋，1.马c3#。

马象杀王最终实施将杀时，需要把弱方的王逼到与己方象相同颜色的棋盘角格的位置当中。马象杀王的过程有点复杂，如果拥有马象一方的棋子位置欠佳，构成杀局则需要至少33个回合。

马象杀王的步骤是，第1步：先把单王逼到棋盘边上；第2步：把单王赶到与象相同颜色的棋盘角格中；第3步：根据棋局情况用马或象实施将杀。

需要特别提醒的是，一定要把单王逼到与象相同颜色的棋盘角格中，不是棋盘上任何一个角格都能实现将杀目标。

注意，黑王虽然在a2格被将杀，但白方采取的同样是把黑王逼到与己方象相同颜色的角格方向。

图14

课堂小测验

说一说，图15中白方应该把黑王逼向棋盘的哪个角落？

1. a8　　2. h8

图15

答案：h8

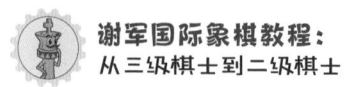

课后作业

1　复习本课知识内容，练习双象杀王，了解双象控制王的技术重点。

2　复习马象杀王知识，了解相关知识重点。

3　按照训练计划完成本书的习题。

 **冠军课堂**

　　双象杀王主要依靠的是两个象的配合，双象配合时，要从两个不同颜色格子的管控方面进行思考。因为国际象棋当中的象只能在一个颜色的格子里行动，对另外颜色的格子不发挥作用，所以在将杀过程中要确保象封锁住对方王的行动区域，并配合己方的王参与战斗，逐步把对方的王逼到棋盘的边线及角格中。马象杀王难度会大一些，最初学习阶段不要求掌握全过程技术，只需要对其中的关键知识点加以认识，记住将杀最后环节必须把弱方的王逼到与象所在格子颜色相同的角格。最后需要提醒的是，无论是双象杀王还是马象杀王，将杀环节都要注意避免逼和的情况发生。

第 2 课

残局（二）
马、象残局

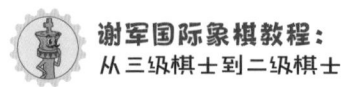

学习目标

1. 了解不同特点的残局当中正确评估马和象功能的方法
2. 通过学习加强在马、象残局中的临场应变能力

知识讲解

马和象都是轻子，在棋子分值方面通常被认为价值相当。不过，马和象的行棋特点大不相同，最主要体现在象是沿着斜线行动的棋子，而马是可以跳跃行动的棋子。所以，一般情况下马适用于封闭性的局面，象适用于开放性的局面。在残局中，如果王翼、后翼两翼都有兵，象的远射程功能得以发挥，所以象比马强；而当仅相同一翼有兵的时候，因为马不受棋盘格子颜色的限制，可以更为灵活地行动，所以马比象强。总而言之，马、象残局中要善于根据兵和王的子力配置进行局面评价，才能把棋子的作用最大程度地发挥出来。

♛ 要点1：马兵对象

与象的远距离功效相比，马行进时的速度显得有些缓慢。不过，象只能在一种颜色的格子里发挥作用，马的行动则不受这样的约束。马对象的残局中，无论是哪一方多兵，如果弱方的王能够坚守兵前进的格子，一般情况下都能顺利守和。但是，当弱方王的位置与兵存在一定距离的时候，就需要根据棋子的具体位置以及子力配合情况来分析判断了。

图1中轮到白方走棋。分析棋局形势

图1

后我们发现，白方除了占据多兵优势之外，

还具有王的位置更积极，兵距离底线不远的有利之处。目前，白方首要的任务是解除黑象对兵前进必须经过的c7格的威胁。

1.马d6（图2）

图2

白方用马堵住b8-h2斜线，逼迫黑方浪费更多时间才能达到用象防守c7的目的。白方行进兵切忌着急，在1.c6 象c7（图3）的变化中，白方不能收获理想局面。

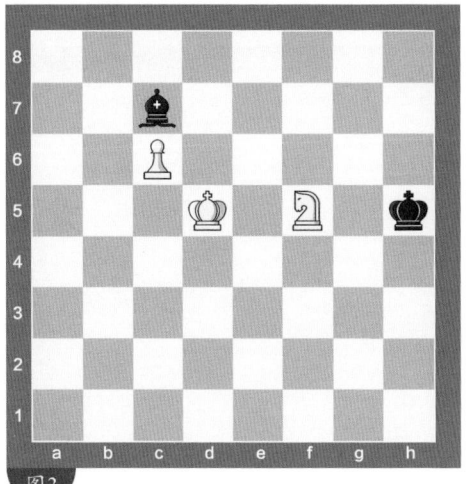

图3

1...象g1 2.c6 象b6 3.王e6（图4）

图4

显然，白方下一步的计划是王走到d7，保护住c7。

3...象c7

黑象赶紧抢先占住c7。

4.王d7 象b8 5.马b5 王g5!（图5）

王的位置很关键，黑王必须活跃起来，这样才能发挥作用。在5...王g6?? 6.马c7 王f7 7.王c8 象a7 8.马b5 象b6 9.王d7 王f6 10.马d6 象a5 11.马c4的变化中，黑王的作用一直被白方的棋子限制，仅靠象的防守无法达到成功阻挡白兵前进的目标。

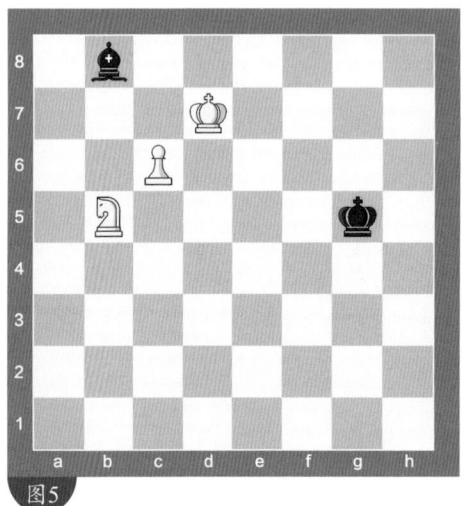

图5

进限制黑象防守c7的行动，棋局将以和棋告终。

要点2：象兵对马

图7中轮到黑方走棋。白方多出来的兵在边线，与其他靠近中心线路的兵相比，边兵令防守方子力调动的空间变小。在这样一个困难的局面下，黑方如果只考虑如何用马防守便会难以找到正确的防守路径。一定要综合更多因素来考虑，这样才能有效捕捉防守机会。

6.马c7 王f5 7.王c8 象a7 8.马b5 象b6 9.王d7 王e5 10.马d6 王d5（图6）

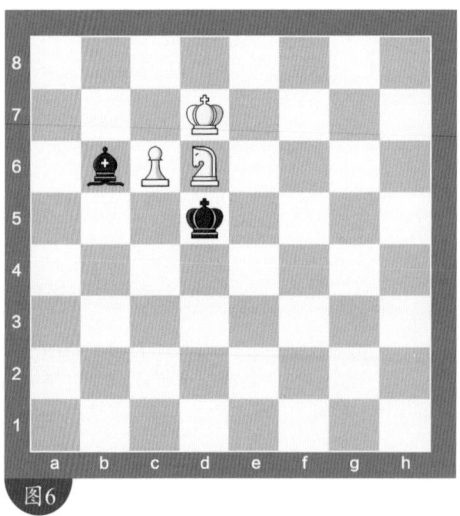

图6

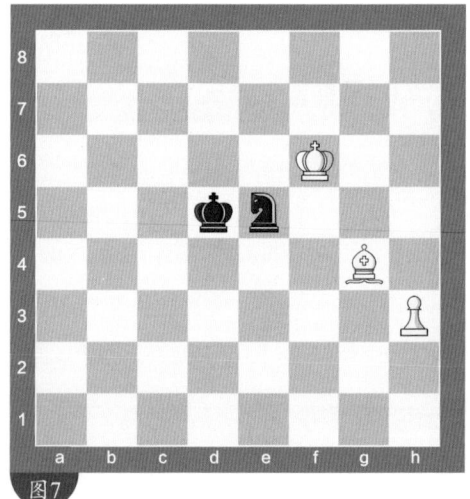

图7

千钧一发之际，黑王走到可以阻止白马走到c4的位置上，这一步发挥出重要的作用。棋局至此，白方已经难以继续推

1...马d3（图8）

图8

2.h4 马f4 3.王f5 王d6！（图9）

图9

正确的走子次序！弃马的目的是快速将黑王走到防守的关键位置当中。防守过程中，棋手有时会只考虑眼前的实际威胁，忽略了对长远计划的制订。特别是有些时候，会在简单计算的环节出现失误。例如黑方如果不走3...王d6而是走3...马g2，幻想着4.h5 马e3+ 5.王f4 马×g4 6.王×g4 王e6 7.h6 王f7，黑王及时回到防守的关键格子成功守和。但是在这个过程中，黑方忽略了3...马g2之后白方可以应以4.象f3+ 王d6 5.象×g2 王e7 6.王g6 王f8 7.象d5（图10）的走法。

图10

白方的象和王牢牢控制住黑王回防路线上的关键格子，确保兵升变无忧。

4.王×f4 王e7 5.王g5 王f7 6.王h6 王g8（图11）

黑王确保能够走到h8，形成理论和棋局面。

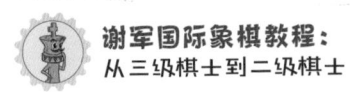

图11

本课小结

　　马、象残局的结果与棋子位置紧密相关，特别是兵所在的位置，王是否能够直接参与战斗等，都是影响棋局发展的重要因素。按照一般规律而言，马、象残局中离开中心线路更远的兵比靠近中心线路的兵取胜概率高，象控制马所需步数少于马限制象活动能力所需要的步数，进攻方的王阻挡防守方的王靠近己方兵的原则方法，都是残局实战当中棋手需要牢记并根据情况灵活应用的知识。

课后作业

1 复习本课知识内容，用自己的话说一说马和象两个棋子的特点。

2 学习残局例局，进一步了解马和象两个不同轻子的应用特点。

3 按照训练计划完成本书的习题。

马、象残局是实战中比较容易出现的情况，也是最能体现棋手残局技术基本功的环节。有时，马、象残局看起来双方势均力敌，但是行动过程中却很容易出现一方明显占优的情况，其中的奥妙就是棋子行动特点不同。作为象的一方，尽可能争取两翼有兵，开放局面、广阔战场更适合象的功能发挥。作为马的一方，尽可能选择封闭的局面，力争让兵所在颜色格子发挥限制对方象的功能的作用。当然，残局当中始终要牢记的一个原则是——让自己的王占据主动位置，参与战斗。

第3课

残局（三）
通路兵

学习目标

1 了解兵残局当中通路兵的特点

2 掌握通路兵作用的技巧，学习制造通路兵

知识讲解

因为兵可以升变成为其他棋子，所以在残局当中通路兵的价值通常高于其他类型的兵，是具有发展潜能的重要力量。当一方有通路兵而另外一方没有通路兵的时候，尽管双方棋子数量可能是相同的，但是没有通路兵一方的王会被对方的通路兵牵制住，陷入活动空间狭小的困境。残局当中如果有机会制造通路兵，便走出了夺取胜利的第一步。

要点1：通路兵的作用与意义

通路兵在前进路线上没有对方的兵且不会受到对方兵的阻拦，因为通路兵前进道路上"阻力最小"，所以通路兵是残局当中实现兵升变最具威力的棋子。

图1中白方的d5兵和黑方的e5、f6兵是通路兵，白方的d5兵位置更靠近底线，并且白王来得及防守黑方e兵冲锋升变，但黑王来不及赶回去防守白方d兵升变。尽管目前白方少了一个兵，但白方d5通路兵比黑方两个通路兵的威力更大，所以不管图1的局面轮到哪一方走棋，棋局都将以白方小兵顺利升变取得胜势告终。

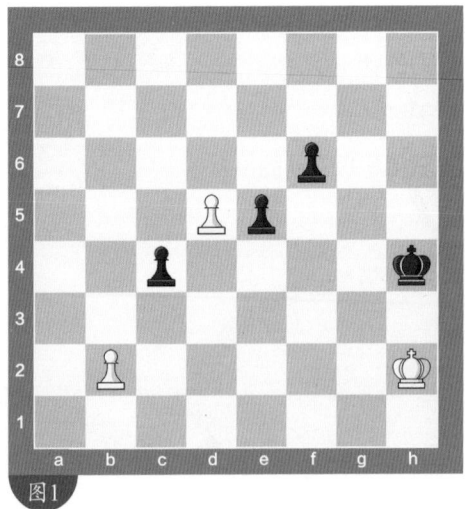

图1

现在，我们将黑方的f6兵拿走，形成图2的局面。

图2的局面中轮到黑方走棋，显然黑

王要赶紧回防，走到能够阻止白方d5兵升变的方形区中。

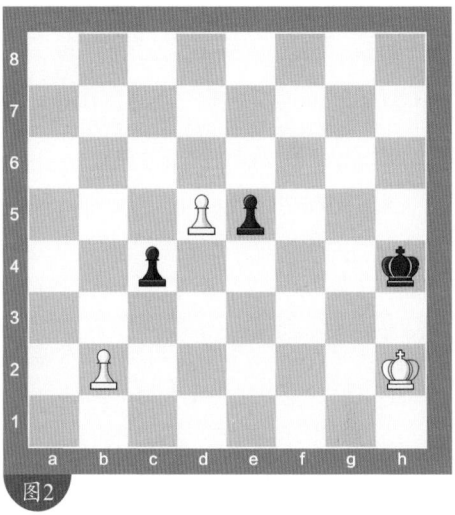

图2

1... 王g5 2. 王g3 王f6 3. 王f3 王e7

黑方的王要想办法尽快靠近白方最具威力的d5通路兵，假如现在采取3... 王f5 4. 王e3（图3）的下法，黑方难以限制白王获得积极主动的位置，将陷入困境。

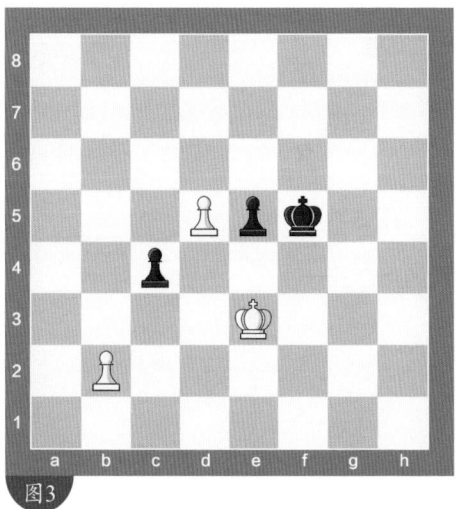

图3

黑方王的位置看似主动，但却难以实施真正具有攻击力的行动。

4...e4 5.d6!（图4）

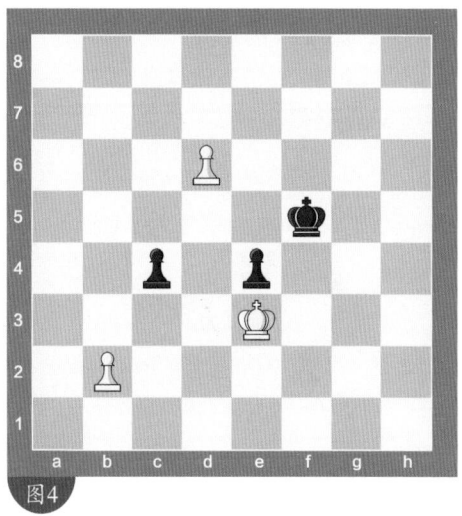

图4

经 过5... 王e6 6. 王×e4 王×d6 7. 王d4之后，白方确保消灭c4兵，占据b2兵升变的关键格。

黑方4... 王g6的下法实际上给白方出了难题。因为5. 王e4 王f6之后，白方不会得到实际的收益。不过，白方可以采取迂回的下法，攻击黑方的c兵。

5. 王d2! 王f5 6. 王c3 e4 7. 王×c4 王f4 8.d6 e3 9.d7 e2 10.d8后 e1后，棋局转入局势更为复杂的后兵残局，白方多兵获得优势。

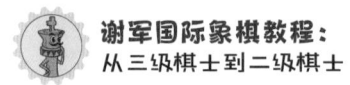
4.王e3！

需要特别注意的是，白方不能采取4.王e4的下法，因为黑方4...王d6（图5）将会令白方的d5兵失守。

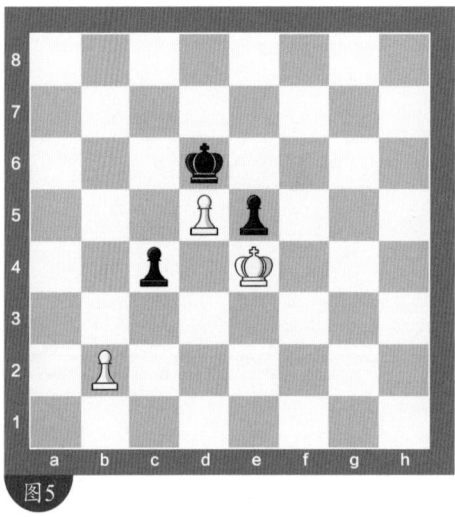

图5

4...王d7

同样，此时黑方不能走4...王d6，因为白方可以走5.王e4，同样形成图5的局面，只不过此时轮到黑方走棋。

由此可见，图5的局面中轮到哪一方走棋，哪一方就会遇到麻烦。

5.王f3 王c7 6.王e3 王d7

双方的王都不敢轻举妄动，在后方采取等待的策略，棋局将以和棋收尾。

兵残局当中，制造通路兵的要点就是以多打少。例如，当你与对方兵数量相比占据优势时，通过挺进兑换的方式去交换兵，从而达到制造通路兵的目的。

图6中轮到白方走棋，白方现在制造通路兵的方法就是小兵向前冲锋。

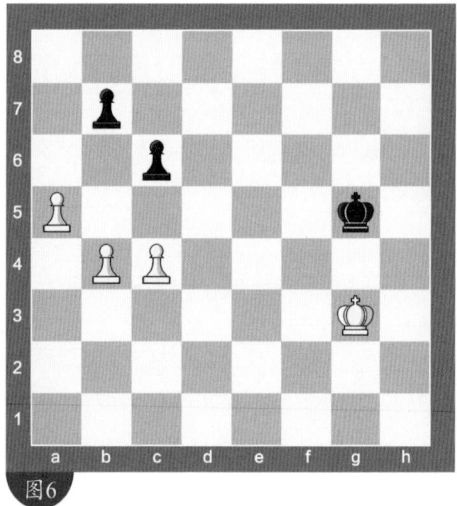

图6

方法1

1.b5 c×b5 2.c×b5 王f6 3.a6 b×a6
4.b×a6（图7）

白方a兵成为通路兵，黑方的王来不及阻挡白兵升变。

图7

方法2

1.c5 王f5 2.b5（图8）

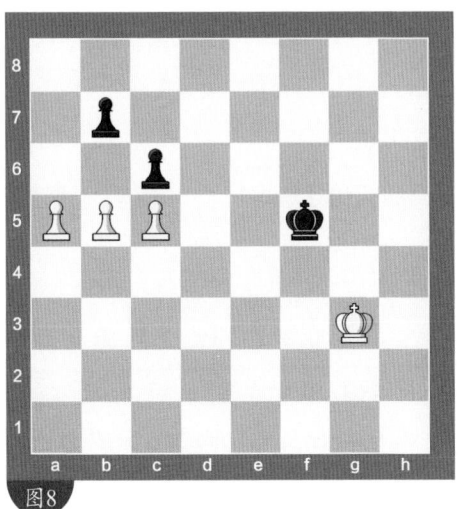

图8

由于兵形呈封闭型，因此白方需要采取弃兵的方式才能突破黑方兵形防线。

2...c×b5 3.c6（图9）

白方必须再次弃兵，利用黑方王来不及回防的宝贵时机，快速制造具有升变威胁的通路兵。

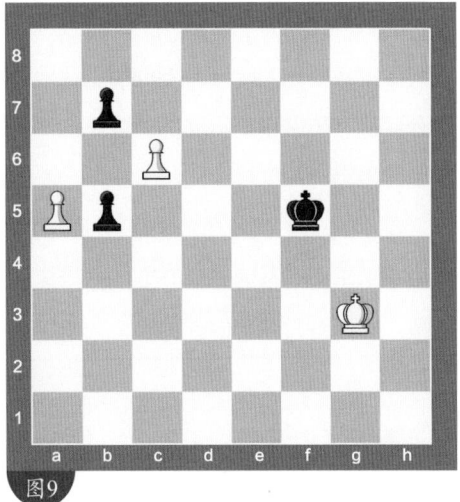

图9

3...b×c6 4.a6（图10）

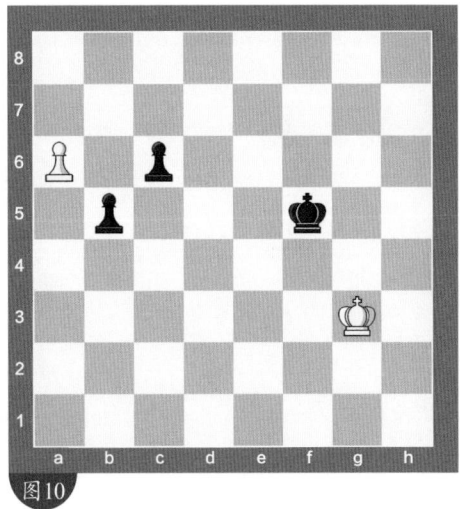

图10

虽然黑方多一个兵，但是白方的兵距离底线升变只有两步之遥，黑方无法阻止白兵升变。

要点3：防守通路兵

兵残局当中，防守通路兵的重任落在王的身上。首先，防守方要确保王在对方兵升变的方形区中，行动的时候不能离开这个区域。

图11中双方各有两个通路兵，黑白双方的王牢牢坚守在通路兵升变的方形区的格子，不让对方的兵向前冲锋。双方王的

活动都被对方的通路兵牵制住，兵的前进都得不到额外的支持，难以实现升变目标。

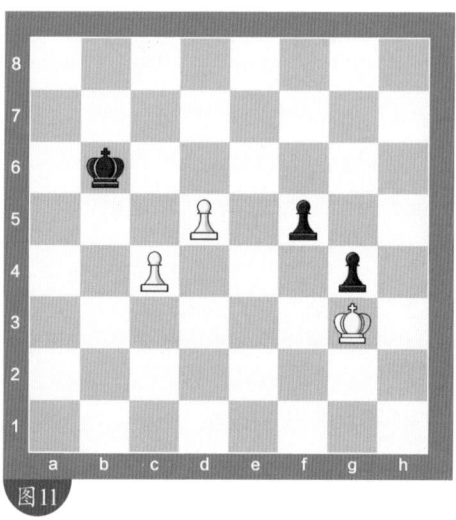

图11

课堂小测验

图12中轮到白方走棋，你能为白方想出制造通路兵的办法吗？

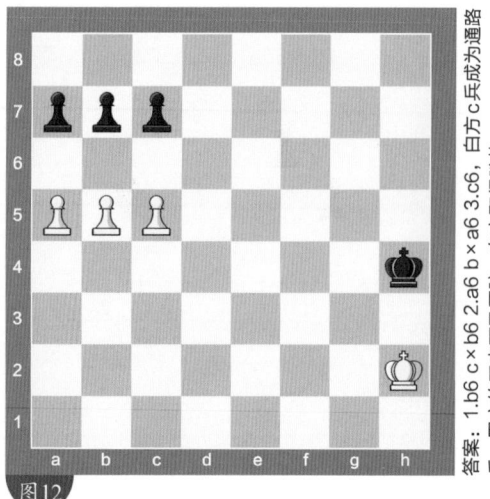

图12

答案：1.b6 c×b6 2.a6 b×a6 3.c6，白方c兵成为通路兵，黑方的王来不及回防。白方取得胜势。

如果在1.b6之后黑方采取1...a×b6的下法，则2.c6 b×c6 3.a6，白方a兵成为通路兵，黑方的王来不及回防。白方取得胜势。

记住，要在对方兵形出现缺口的线路上制造通路兵。

1　复习本课知识内容，增强对通路兵的认识和理解。

2　用自己的话说一说，残局当中通路兵与其他兵的区别，如何制造通路兵。

3　按照训练计划完成本书的习题。

冠军课堂

兵残局当中，拥有通路兵的一方无疑占据了潜在的优势，可以达到限制对方王的活动，确保己方有更多的力量去实现入侵的目标。鉴于单纯进行防御策略难以解除通路兵的潜在威胁，所以防守方要将行动策略重点放在寻找反击机会上，从而制造具有威慑力的战斗机会，实现成功防守的目的。

第4课

残局（四）
远方通路兵

学习目标

1 了解远方通路兵的特点，学会通过兵形要素对兵残局进行合理
   评价

2 通过练习学会辨别不同线路通路兵的威力

 知识讲解

　　远方通路兵指的是与王或主要兵阵之间的距离更远的通路兵，因此王实施防御措施时需要更多的步数，并且需要同样多甚至更多的步数才能重新回到棋局其他位置的战场中。从这个角度上讲，远方通路兵意味着时间上的潜在优势，拥有远方通路兵的一方能够拥有更好的机会去调动自己的子力实施攻击计划。远方通路兵本身并不一定是决定棋局胜负的关键棋子，但远方通路兵升变威胁带来的牵制作用是具有极大价值的。

♟ 要点1：远方通路兵的优势

图1

　　王兵残局中如果双方都只有一个通路兵，通常离中心线路更远或者离其他兵阵距离更远的通路兵价值更高。换句话说，拥有远方通路兵的一方拥有发挥潜在优势的能力。

　　图1中轮到黑方走棋，现在双方都有一个通路兵，还有一对兵在g线。白方的a兵比黑方的c兵距离中心更远，因此黑方的王需要更多的步数去消灭a兵，然后再重新回到g兵的争夺战中。与白王消灭

黑方c兵后奔赴g兵的路线相比较，黑王的"行程"意味着更多的时间消耗。由此，不难得出图1中白方占据战略性优势的判断，因为白方拥有远方通路兵。

1...c4+

1... 王d6 2. 王c4 王c6 3.a4 王d6 4.a5之后，白方将会获得胜势。

2.王c3 王c5 3.a4 王d5 4.a5 王c5 5.a6!（图2）

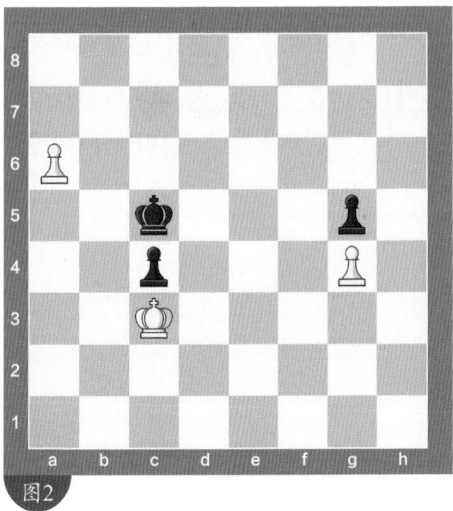

图2

白方挺兵的目的就是逼迫黑王不得不去消灭白方a兵，这意味着黑王要远离主战场，之后再去参加对棋盘另外一翼中g兵的争夺时，黑王的行动速度将慢于白王。

4...王b6 5.王×c4 王×a6 6.王d5（图3）

图3的局面孰优孰劣一目了然，白王靠近黑兵，黑王远离战场。白方确保能够消灭黑方g兵，同时占据关键格。白方取得胜势。

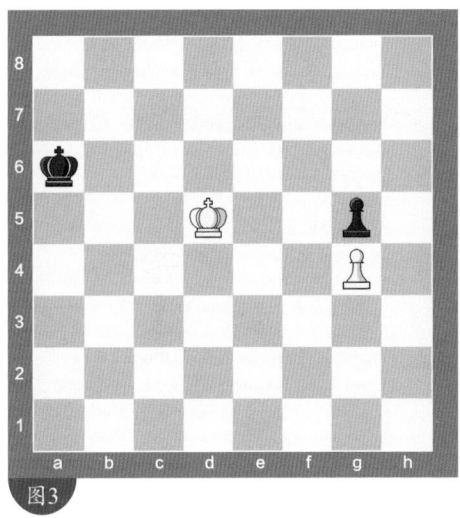

图3

图4中轮到白方走棋。这个局面与图1类似，只不过双方相互"顶牛"的兵处

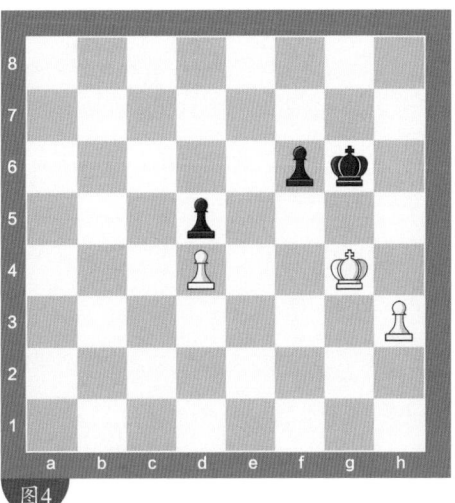

图4

于棋盘中心，另外两个兵处于王翼。白方h兵距离中心区域更远，可以预见到在双方的王消灭对方的通路兵以后，黑王将位于棋盘边缘，白王将靠近中心。由此可以推断，白王将在攻击d兵的战斗中获益。

> 1.h4 f5+ 2.王f4 王f6 3.h5 王e6
> 4.h6 王f6 5.h7（图5）

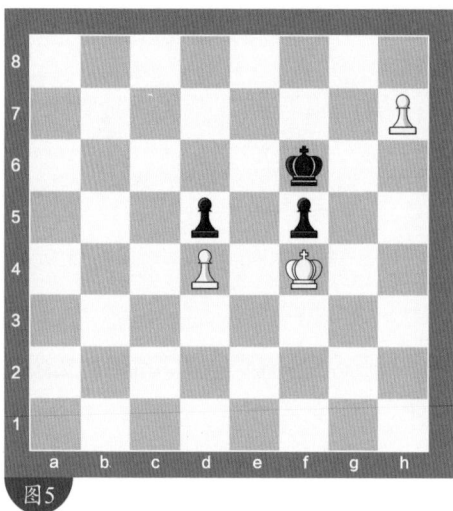

图5

利用远方通路兵当"诱饵"的行动策略简明有效——先用王靠近对方的兵，随后把自己的通路兵向前挺进，谋求通路兵交换之后获取王的积极位置，最后用王进攻新的目标，支持小兵升变。

图5的局面中，白方便采取了这样的策略。白方利用h兵的挺进将黑王强行"吸引"到棋盘的边线位置，为后面的战斗奠定胜利的基础。

♟ 要点2：如何制订行动计划

王兵残局当中，拥有远方通路兵的一方意味着具有潜在的优势，将潜在优势转化为具体行动之前，缜密制订计划是关键的一环。

图6中轮到白方走棋。现在，白方拥有远方通路兵，双方的王也基本调整到位，因此接下来白方可以制订的计划如下。

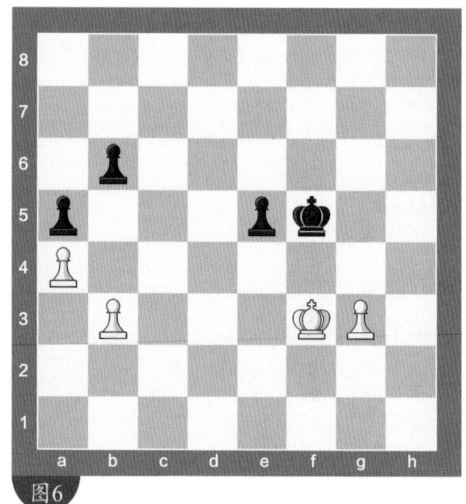

图6

方法1

挺进兵，交换通路兵，凭借王优越的位置消灭b6兵和a5兵。具体变化是：

> 1.g4+ 王g5 2.王e4 王×g4 3.王×e5 王f3 4.王d6 王e4 5.王c6 王d4 6.王×b6 王c3 7.王×a5 王×b3 8.王b5（图7）

白王阻挡住黑王回防的路线，白方取

得胜势。

图7

方法2

先采取等待策略，让自己的王占据更好的位置，然后挺兵并交换通路兵，最后实现消灭黑方后翼兵的目的。具体的走法是：1.王e3 王e6 (在1...e4 2.王d4 王g4 3.王×e4 王×g3 4.王d5 王f4 5.王c6 王e4 6.王×b6的变化中，黑王赶不上白王的行动速度。) 2.王e4 王f6 3.g4 王e6 4.g5 王d6 5.g6 王e6 6.g7 王f7 7.王×e5 王×g7 8.王d6（图8）。

方法2与方法1相比，白王的位置更为积极主动。由此可以得出结论：先让王占据积极主动的位置，然后再挺进兵的方法更为稳妥。

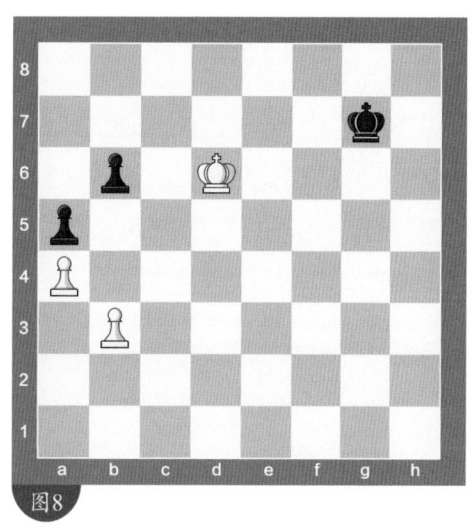

图8

👑 要点3：制造远方通路兵

图9的局面中轮到白方走棋，虽然现在看起来黑方有e5通路兵，白方没有通路兵，但这只是表面现象，深入分析后会发现白方王翼的兵处于二打一的状况，可以制造出远方通路兵。

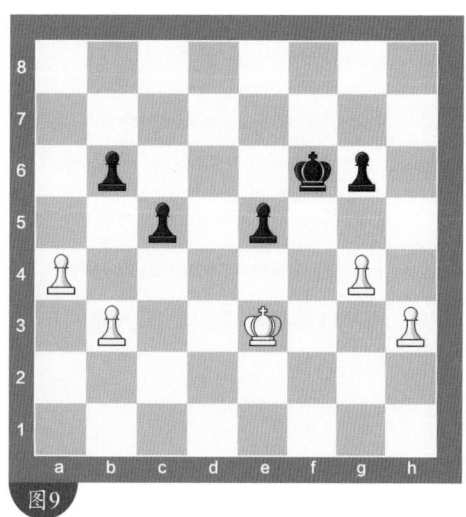

图9

1.h4！（图10）

白方将挺兵到h5制造远方通路兵，并用这个兵将黑王吸引到边线，这样白方就有充足的时间在消灭黑方中心e兵之后扑向后翼的兵。接下来的变化如下。

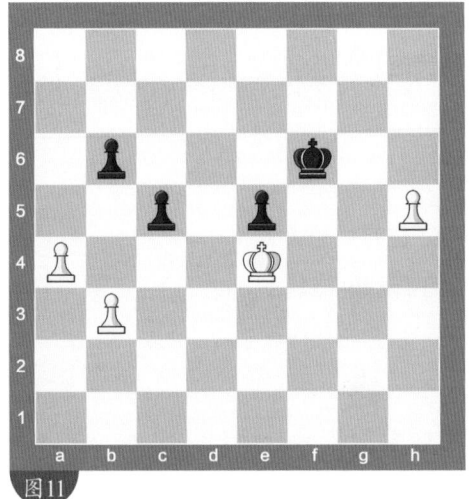

图11

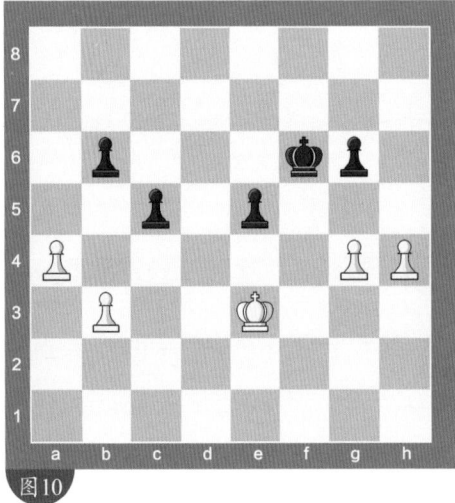

图10

1... 王e6 2. 王e4 王f6 3.h5 g×h5 4.g×h5（图11）

白方成功制造出远方通路兵。接下来棋局经过4... 王g5 5. 王×e5 王×h5 6. 王d6 王g5 7. 王c6，白方获得胜势。

现在，假设图9中轮到黑方走棋，黑方则获得绝佳的防守机会，因为黑方可以阻止白方制造远方通路兵。

1...g5!（图12）

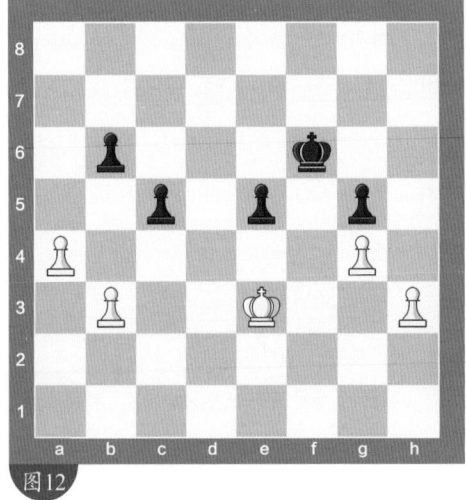

图12

黑方通过挺兵到g5，一下子阻挡住白方制造通路兵的可能性。

2. 王f3！ 王e6

黑方的意图是将王走到d5格。如果黑

方走得比较保守，可以采取2...王e7的等待策略从而谋求和棋。

3.王e4!（图13）

白方找准时机将王走到可以形成主动对王局面的位置中。

白方不能在3.王e3 王d5 4.王d3 e4+ 5.王e3 王e5的变化中获得安全的局面，黑方通路兵牵制住了白王的活动，黑方的王可以去攻击白方阵地。

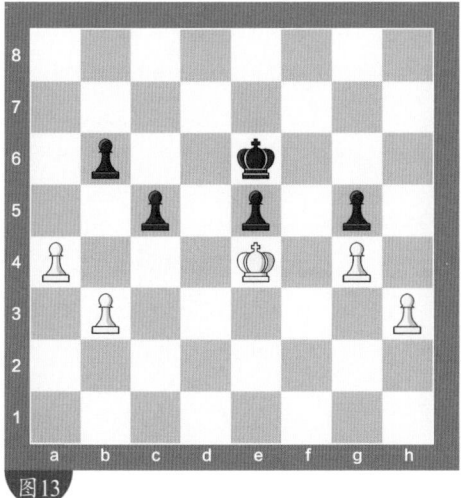

图13

3... 王d6 4.王f5（图14）

白方的王能够发挥进攻作用，有效抵消了黑方通路兵带来的威胁。接下来的变化如下。

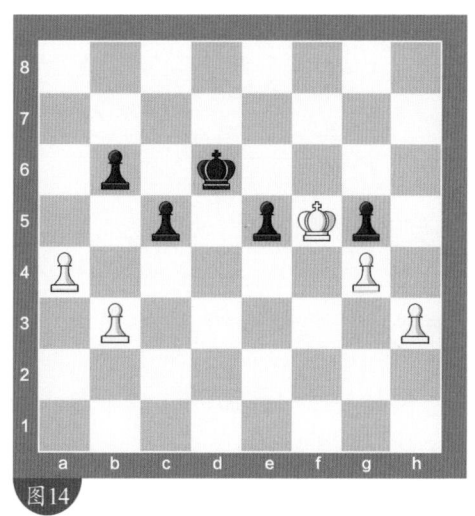

图14

4... 王d5 5.h4!（图15）

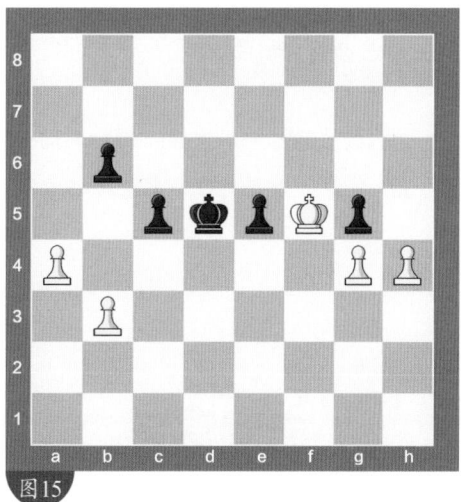

图15

白方弃兵的下法是为了快速制造通路兵。关键时刻的行动一步也错不得！白方假如选择贪吃的下法5.王×g5，将为黑方赢得更多的时间。例如5...e4 6.王f4 王d4 7.g5 e3 8.g6 e2 9.g7 e1后 10.g8后 后f2+ 11.王g4 后g2+，黑方成功抽将消灭白后。

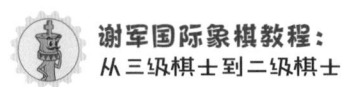
5...g×h4 6.g5 h3 7.g6 h2 8.g7
h1后 9.g8后+

双方形成大致均势的局面。

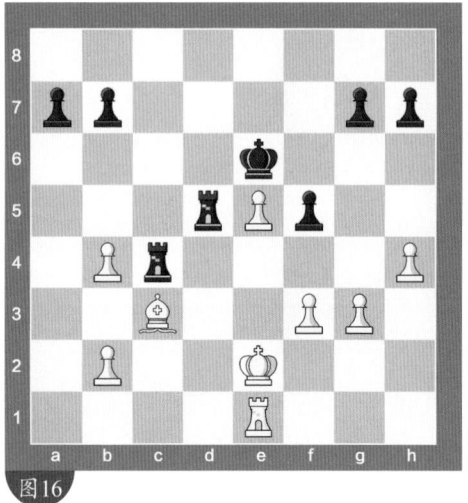

图16

答案：1...车×c3! 2.b×c3 车×e5+ 3.王d2 车×e1
4.王×e1 王d5 5.王d2 王c4 6.h5 b6，黑方接下来的计
划是挺兵到a5制造通路兵。

图16中轮到黑方走棋。请你为
黑方找到正确走法。

黑方通过以车换象的弃子手段
将棋局转入王兵残局，凭借能够制
造远方通路a兵的有利条件，将棋局引向胜利。

1 复习本课知识内容，增强对远方通路兵的认识和理解。

2 找1~2盘实战对局中包含远方通路兵的棋局，通过分析学习增强对兵形特点的认识。

3 按照训练计划完成本书的习题。

冠军课堂

远方通路兵中的"远"特指双方的通路兵与王或主要兵阵之间的距离。当双方都有通路兵，一方的通路兵与棋盘上其他主要兵阵之间距离比另外一方远的时候，这个距离更远的通路兵的价值更高。为什么会这样呢？因为通路兵升变的行动势必会吸引另外一方王回防，阻止距离更远的通路兵的行动意味着王需要消耗更多的步数和时间才能重新回到主要兵阵的战场参加战斗。

时间是兵残局当中最为宝贵的资源，远方通路兵的优势就体现在时间上。

第 5 课

残局（五）
兵的突破

学习目标

1 了解残局当中兵的突破带来的重要作用

2 掌握兵突破行动在准备阶段及实施阶段的特点和需求

知识讲解

　　兵突破形成通路兵以及随之而来的升变，是"普通"的兵转化成为具有"杀伤力"的兵的重要行动。在王兵残局中，双方王最重要的任务之一就是严防对方的兵升变。兵的突破行动势必会导致通路兵的出现，可能会直接影响棋局的走向，因此双方都会谨慎对待兵突破的行动。兵突破制造通路兵也可能是吸引对方王的诱饵，从而达到攻击棋局中其他目标的目的。兵突破将彻底改变棋局形势，因此在行动之前要特别谨慎，不可贸然行动。

♛ 要点：兵突破的目的

　　兵的突破可以是常规的兑换，也可以是通过牺牲一个或几个兵"制造"出一个具有升变威胁的通路兵。

　　图1中轮到白方走棋，现在黑王的位置更积极主动，白方需要立即采取突破的手段制造通路兵。

图1

1.f5 e×f5 2.e×f5 g×f5 3.g6（图2）

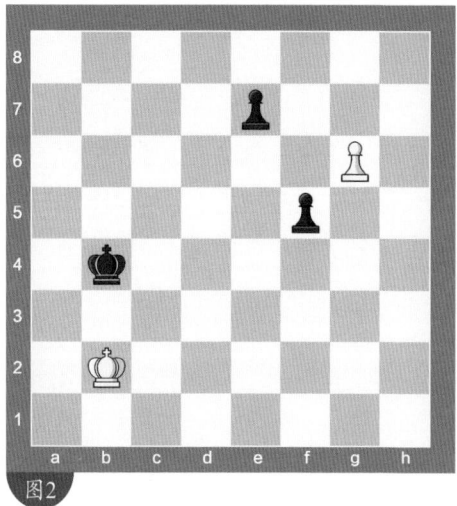

图2

白方虽然少了一个兵，但是黑方的王赶不到白兵升变的方形区中，白方取得胜势。

有趣的是，在图1的局面中，假如白方不立即采取兵突破的手段，看似黑方的王将及时赶回，其实棋局将会形成一个有趣的局面。

1.王c2 王c4 2.f5

白方必须要行动，没有时间再继续等待了。

2...e×f5 3.e×f5 王d5

黑方当然来不及3...g×f5，白方4.g6之后黑王赶不到方形区中。

4.f×g6 王e6（图3）

图3

看似黑王已经及时赶到g兵升变的方形区中，但是白方看起来没有作用的g5兵却发挥了关键的限制作用。黑方的王无法走到f6和f7，没有办法靠近白方的g线兵。

5.王d3（图4）

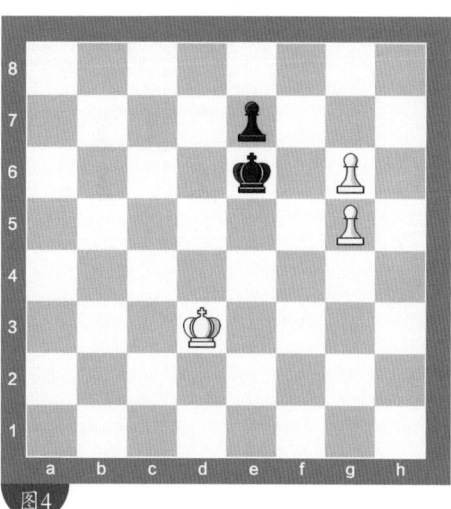

图4

白方采取等待的策略。此时，黑方除了把王走到g6兵升变的方形区之外，没有其他合适的棋可以走。白方取得胜势。

图5中轮到白方走棋。双方的兵都集中在王翼，黑方看起来坚不可摧的稳固阵型被白方兵的突破行动彻底瓦解。

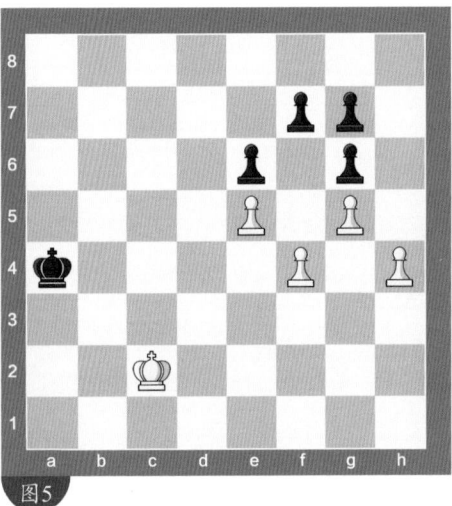

图5

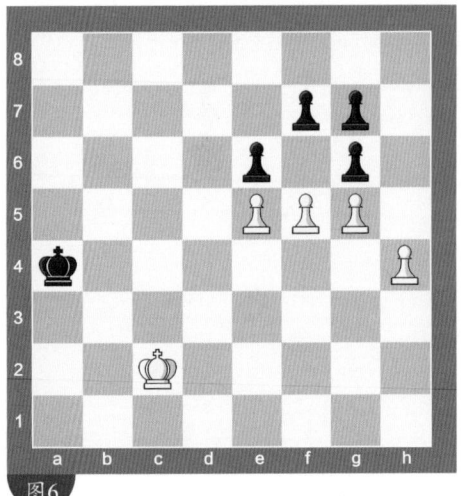

1.f5!（图6）

图6

利用黑王远离兵阵来不及回到方形区的时机，白方果断实施兵的突破。

1... 王b5

在1...exf5之后，白方有一个兵突破的典型手段。2.h5!（图7），白方再次弃兵！扰乱黑方的兵阵。如果黑方置之不理，白方将采取3.h6的走法制造通路兵。

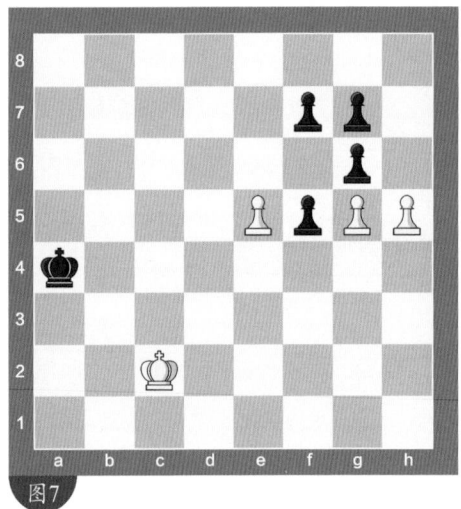

图7

2...g×h5 3.g6!（图8），第三次弃兵进行突破，白方的行动一气呵成。

3...f×g6 4.e6，白方终于制造出一个黑方的王无法阻止升变的通路兵，白方取得胜势。

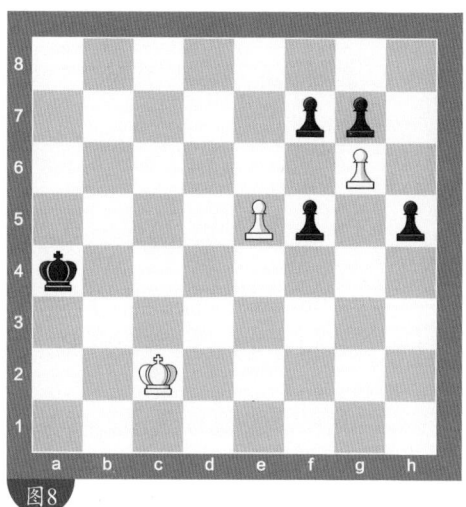

图8

2.h5（图9）

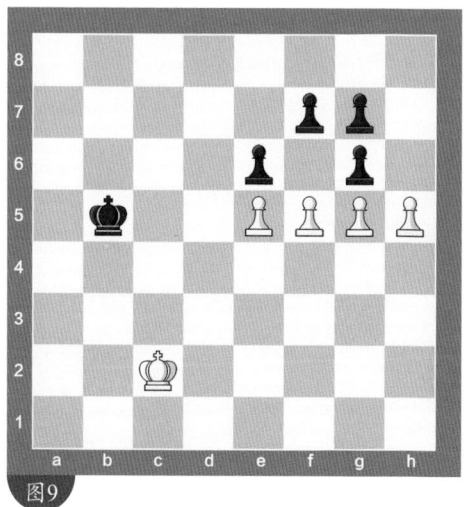

图9

趁着黑方的王还没有及时赶回到阵地，白方抓紧时机实施突破。

2...g×h5 3.g6（图10）

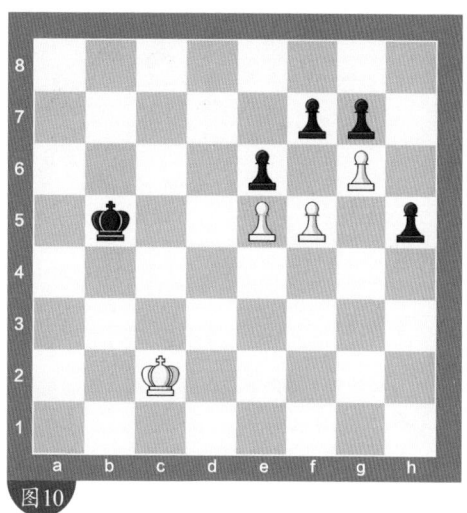

图10

典型的突破手段，动摇对方兵阵当中起到关键防守支撑作用的兵，彻底击碎黑方的兵形。

3...f×g6 4.f6 g×f6 5.e×f6

白兵升变无法被阻挡。

图11中轮到白方走棋，面对完整对称的兵形，白方有突破机会吗？

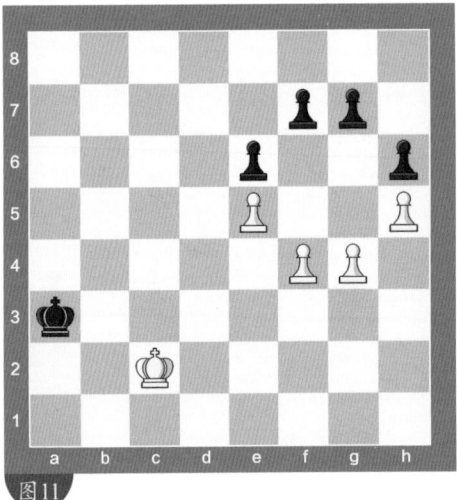

图11

1.f5

白方也可以走1.g5。

1...王b4 2.g5！（图12）

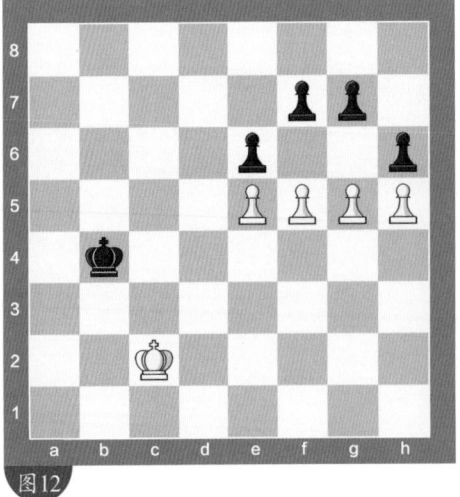

图12

黑方看起来可以随意消灭白方的f5兵或g5兵，但是无论怎样应对，都无法阻止白兵的突破行动。

2...e×f5

在2...h×g5之后，白方有一个厉害的突破手段3.f6（图13）。

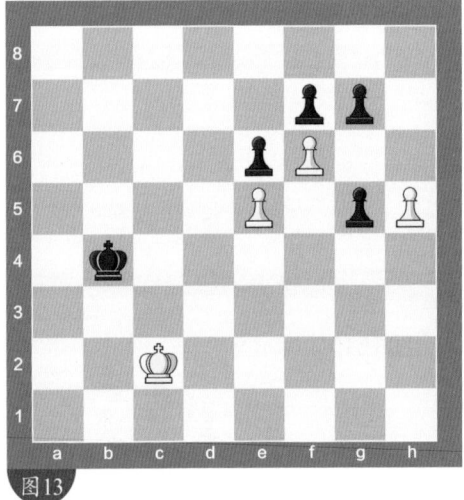

图13

白方的h兵将成为无法被阻挡升变的通路兵。

3.g6 f×g6 4.e6（图14）

白方成功完成兵的突破，通路兵升变无法被阻挡。

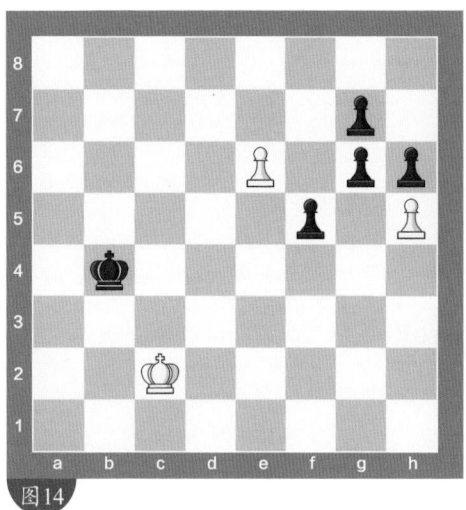

图14

课堂小测验

图15中轮到黑方走棋，黑方有实施兵突破行动的机会吗？

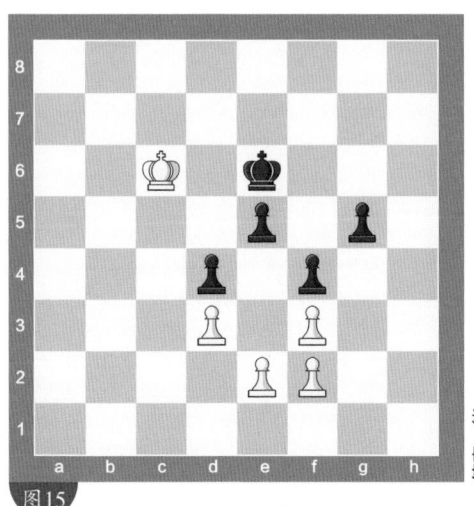

图15

答案：能。

1...e4 2.王c5

在2.d×e4 g4 3.f×g4 f3 4.e×f3 d3的变化中，黑方成

功制造足以制胜的通路兵。

2...g4 3.王×d4 e3 4.f×e3 g3

黑方通路兵升变无法被阻挡。

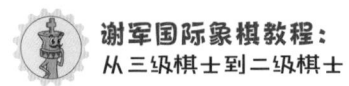

1　复习本课知识内容，增强对兵突破行动的认识。

2　通过练习体会制造通路兵的关键技术。

3　按照训练计划完成本书的习题。

冠军课堂

兵的突破是王兵残局当中起到决定性作用的行动，兵的突破带来通路兵升变的威胁，同时可能借力攻击对方阵营当中更多的弱点。兵是棋盘上唯一一个只能前进不能后退的棋子，所以兵突破行动需要充分做好前期准备，避免陷入因为兵突破时机不成熟造成的难以弥补的困境。同时，不要只考虑己方兵突破的可能性，也要预防对方的反击。

第6课

残局（六）
王的位置与作用

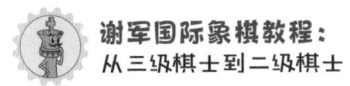

学习目标

1 了解王兵残局中王的积极主动位置的作用和意义

2 认识王入侵时机的重要性，掌握相关技巧

知识讲解

　　王的位置在残局中显得特别重要，轮到哪一方走棋、进攻哪一个兵、选择哪条子力调动路线等各种情况都考验着棋手对棋局的理解和判断。王看似走动速度缓慢且威力不大，但在残局当中王却能成为最具进攻能量的棋子。

　　认准一个主要原则——将王走到积极的位置，处理好进攻与防御的角色转换，把握好子力调动的时间节奏，让王在残局中大放异彩。

♛ 要点1：争取主动

　　王兵残局中，王是否能够占领关键格、轮到哪一方走棋以及王是否在方形区等情况都会直接影响到棋局的进程。换句话说，王占据积极主动的位置是王兵残局必须遵循的原则。无论是进攻方的王还是防守方的王，都要充分发挥作用。

　　图1中，无论轮到哪一方走棋棋局都将以和棋告终。但是，需要注意的是，白方必须采取弃兵的下法才能和棋！

图1

1. 王g4！（图2）

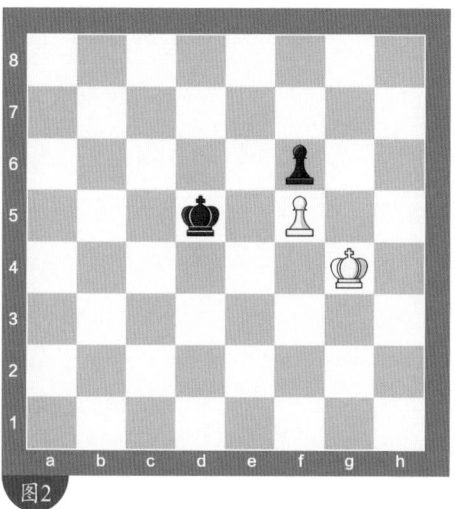

图2

假如不仔细分析局面，采取冒进的下法，白方将会遭遇困难。例如，1.王g6 王e5（图3）。

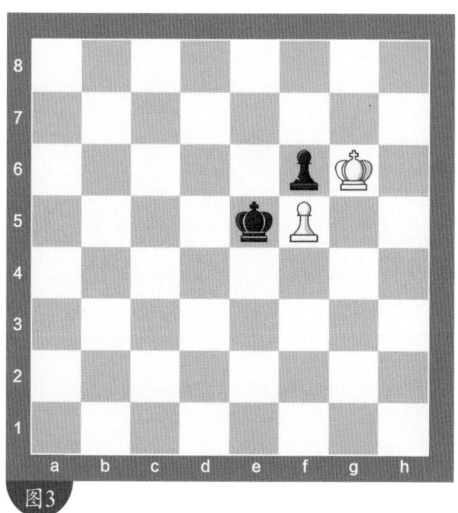

图3

白方被迫放弃对f5兵的防守，同时无法阻止黑王占据关键格；假如1.王h6 王

e4！2.王g6 王e5，棋局同样出现图3的局面，黑方将赢得胜利。

白方退王到g4采取的是主动弃兵的策略，确保自己的王能够回到积极的防守位置。图2的局面中白方达到了这样的目的——允许黑方消灭白兵，但是不允许黑王占据关键格。

1...王e4 2.王g3！王×f5 3.王f3（图4）

图4

白方形成主动对王，黑王不能如愿占据关键格，棋局将以和棋告终。

👑 要点2：王的位置不可大意

在学习棋艺知识，分析棋局要素的时候，棋手要注意观察重要棋子的位置和特点。有时，棋子所处位置看似不过是一个格子的差距，或者同样的局面下走棋方不同，都会将棋局发展带入不一样的局面。

图5与图1相比，唯一的差别在于黑方王的位置从d5变成了d6，仅仅是一个格子的差别，但结果却不同，图5的判断是白先胜，黑先和。

合适的位置进行防守。

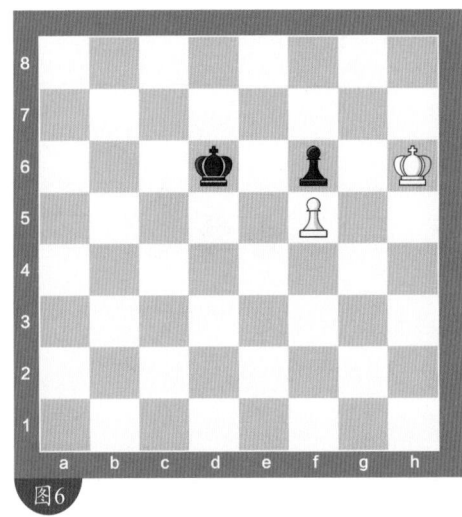

图6

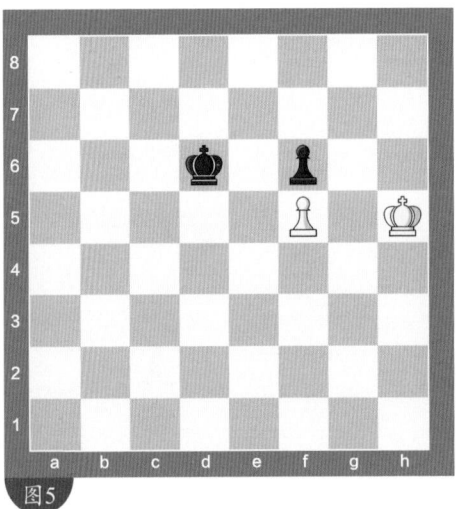

图5

假如黑方先走，我们很容易理解黑方只需要走1... 王d5（注意，黑方不可走1... 王e5??，白方2.王g6之后将是白胜局面）便可以形成图1的局面，白方正确的应对走法是2.王g4，结果将是和棋。

图5中轮到白方先走会是什么结果呢？

1. 王h6!（图6）

漂亮的等待着法！白方王走到h6，确保攻击黑方f6兵的行动可以从g7和g6两个攻击点位来实施，这样一来无形当中就多了一步棋的周旋余地，让黑王难以找到

1... 王d5 2. 王g7!（图7）

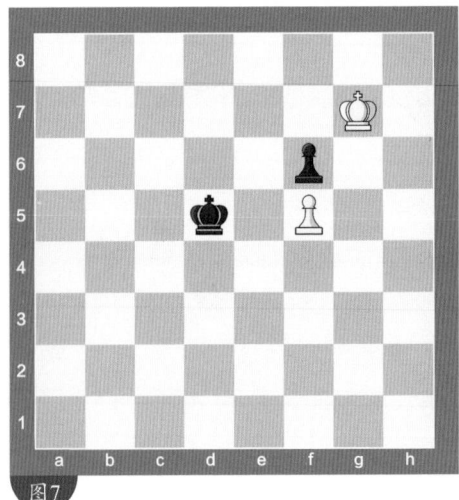

图7

白方可以通过g6和g7两个格子攻击黑方f6兵，黑王却只能通过e5一个格子进行防守。

2... 王e5 3. 王g6（图8）

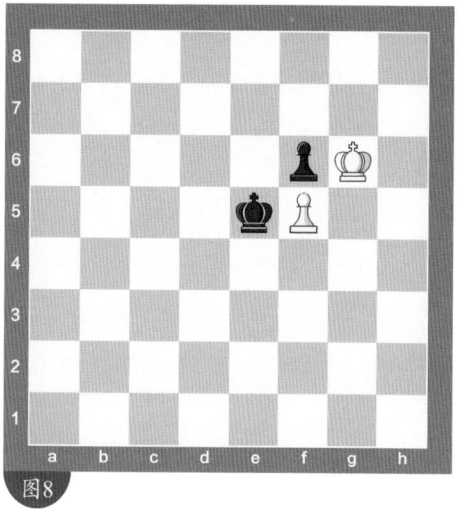

图8

白方确保消灭黑方f6兵，并且如愿将棋局带入到典型的王在兵前方第6横线的胜势局面。

 要点3：王多兵对王

王兵残局中，如果一方拥有一个兵以上的优势，在棋子位置不特殊的情况下通常能够保证胜利。

多兵可以形成相互防护态势，从而取胜。

图9中轮到白方走棋。显然，黑方此时唯一的守和希望寄托在逼和，而白方只要掌握好行棋节奏，达到逼迫黑王走到棋盘"开阔"位置中的目的，便可以将棋局引向胜利。

图9

1.h8后+! 王×h8 2. 王h6 王g8 3.g7

黑王被迫离开g8，白王顺利支持兵升变。

图9中如果轮到黑方走棋结果又会怎么样呢？

1... 王h8（图10）

图10

白方当然不能走2.王f6或2.王h6，那样只会形成逼和。所以，白方不用强求找到白王的入侵路线，而是只需要很有耐心地采取等待策略，将棋局形势重复回到图9的局面——换成轮到白方走棋就可以取胜了。

2.王g4

白方也可以走2.王h5 王g7 3.h8后，采取与图9中取胜相同的方法支持兵升变。

2...王g7 3.王h5 王h8 4.王g5

重复到图9的局面，同样是轮到白方走棋。白王采取了g4-h5-g5这样的调动，在h5故意"浪费"一步棋，这样一来就成功将行棋权进行转换，取得胜势局面。

当一方多出的兵是叠兵（边兵除外）时，两个兵之间的空间距离能为多兵方赢得步数，从而成功转换行棋权，使得多兵方获得胜势。

图11中白方多出的兵都重叠在e线，看似黑王牢牢守住了白兵前进的关键格，但是由于白方多出不止一个兵，因此能够获得额外的行棋步数，从而轻松取胜。

图11

1.王f4 王e6 2.王e4 王e7 3.王f5 王f7 4.e6+ 王e7 5.e4

白方也可以采取5.王e5 王e8 6.王f6 王f8 7.e7+ 王e8 8.e4的走法取胜。

5...王e8 6.王f6 王f8 7.e7+ 王e8（图12）

图12

方案1：1.f4!（图15）

面对黑方王将在e5威胁吃兵时，白方f2还有一个兵可以起到关键作用。伴随着f兵的挺进，黑方的王从侧面靠近威胁吃兵时，白方的兵联动起来形成一个隔离带，将黑王驱赶到其他位置。

1...王d6 2.王g2 王e7 3.王f3 王f6 4.王g4 王f7 5.王

g5 王g7 6.f6+ 王f7 7.王f5 王f8 8.王g6 王g8 9.f7+ 王f8 10.f5

白方将顺利占据兵升变关键格，赢取胜利。

方案2：1.王g2 王e5 2.王g3！王×f5 3.王f3，白方形成主动对王，确保能够占据f兵挺进升变的关键格。白方取得胜势。

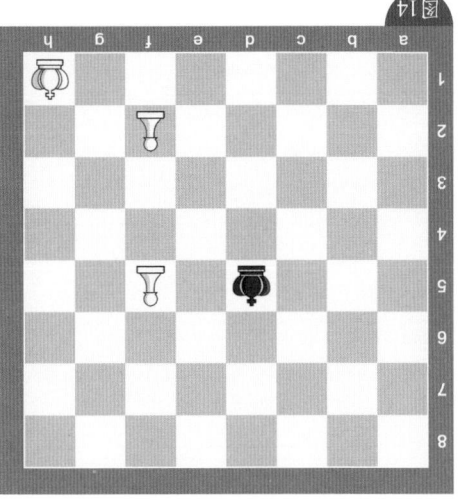

图14

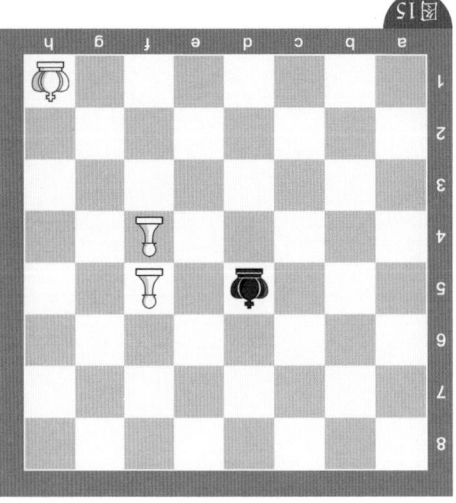

图15

图14中被剥夺方走棋，白方应该怎么走呢？

探索小测验

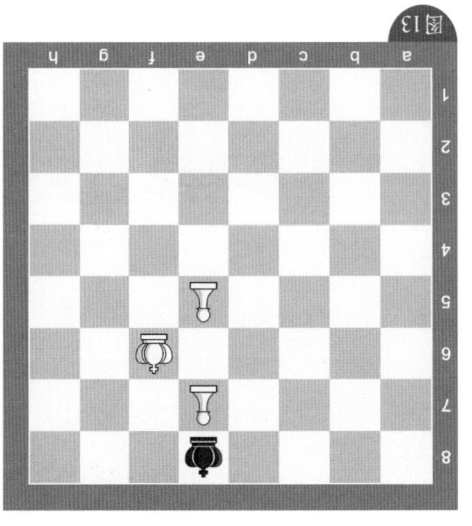

图13

练习（六）王的优势与作用

第9题

假如白方没有e4兵，此时白方能王到e6去据守e7兵，但是那样将是一种情况的和局。

但是，白方还多走了一个兵，此时位于f方的e4兵终将派上了用场！

8.e5（图13）

黑方的王只有被迫退向f8或e8去走来，接下来白方王走到f6，便可以有效支持e7兵升变获得胜利。

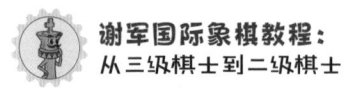
课后作业

1 复习本课知识内容，增强对积极位置和消极位置的王的认识。

2 用自己的话说一说，如何准确找到阵营当中的攻击目标，进而实现王的入侵。

3 按照训练计划完成本书的习题。

冠军课堂

众所周知，在王兵残局中，除了兵的数量与兵形，还有一个能够对棋局结果产生重大影响的因素就是王的位置。学会让自己的王占据积极的位置，让王成为一个颇具能量的攻击性棋子。消极位置的王不具备攻击作用，只能被动地跟着对方的节奏找位置。此外，王的调动要注意掌握好节奏，特别是当抢占关键格、主动对王等行动在棋局当中不同的位置出现时。

第7课

中局：简单战术（一）引入

学习目标

1 了解引入战术的特点
2 掌握引入战术的应用技巧

知识讲解

引入战术，顾名思义是要把某个棋子以战术手段的方式引到特定的位置，成为攻击的目标。引入战术关键环节在于将对方的棋子引到己方希望的位置当中，从而破坏对方防线，实现攻击目标。引入战术有时是以获取子力优势为目标，有时则是以将对方的王引入一个足以致命的"陷阱"之中实施将杀行动为目标。

👑 要点1：暴露攻击目标

图1中轮到黑方走棋，假如走1...后×e3 2.象×e3，黑方f4的马动弹不得，且不考虑白方b7兵升变成为价值更高的棋子，仅从棋盘上现有的兵力而言，白方都占据绝对的上风。

分析了局面之后，我们得出的结论是黑方唯一的机会是必须集结力量向白王扑过去，否则难以与白方抗衡。

再深入分析，由于白方的王位于h1，要想攻击白王，必须把它从隐蔽位置里引

出来。

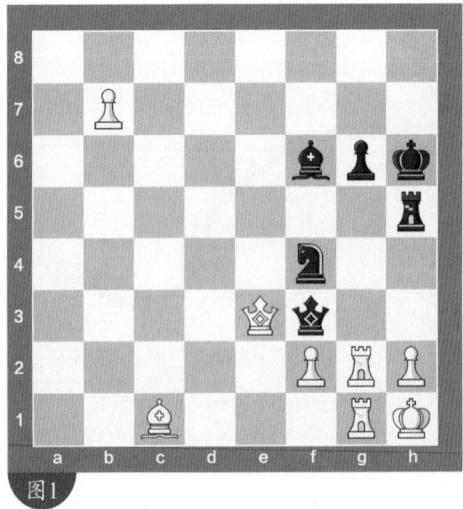

图1

1...车×h2+!（图2）

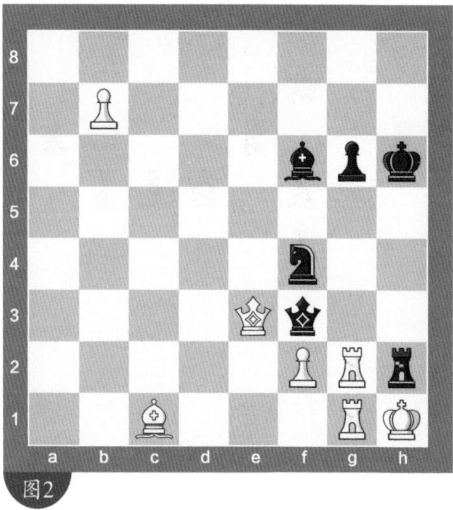

图2

黑方采取弃车的手段，鉴于白方位于 g2 的车被黑方 f3 后牵制着，白方只好选择让王御驾亲征。这样一来，白王就暴露在黑方的猛烈炮火当中了。

2.王×h2 后h5+ 3.王g3 象h4+!（图3）

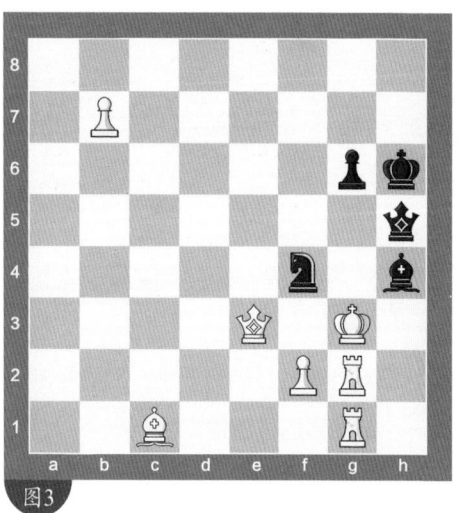

图3

好棋！逼迫白王走到更为危险的位置。黑方子力协同作战，将对白王的包围圈越勒越紧，这体现了黑方弃车时的深谋远虑和精确的计算。黑方不能走3...后h4!，那样一来黑后将失去对d1-h5斜线的控制，让白王得以从f3逃生。

4.王×f4 后f5#

黑方将杀白王成功，取得了胜利。

♛ 要点2：清除防守力量

图4中轮到白方走棋。现在黑方的d、c两个通路兵都具有升变的威胁，白方的行动必须以快制快，容不得一点儿迟疑。在思考进攻路径的时候，要先确定进攻目标，然后根据棋局上的子力配合情况制订进攻的计划。注意，有时战术行动符合多个战术行动的特征。

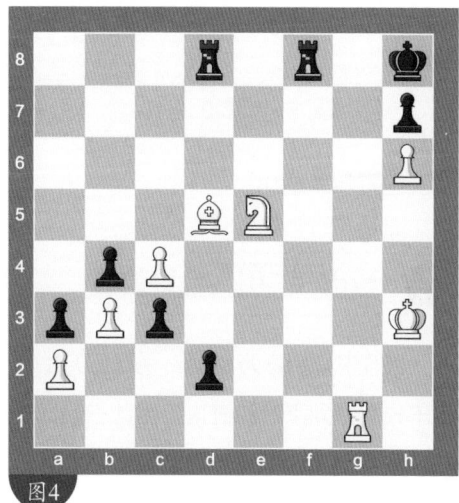

图4

通过一番思考后，我们发现假如白马能够跃入到f7，将会形成将杀。但是，目前f7正被黑方的车牢牢防守着，白方需要把黑车引走才能实现目标。顺着这个思路，接下来的着法如下。

1. 车 g8+!（图 5）

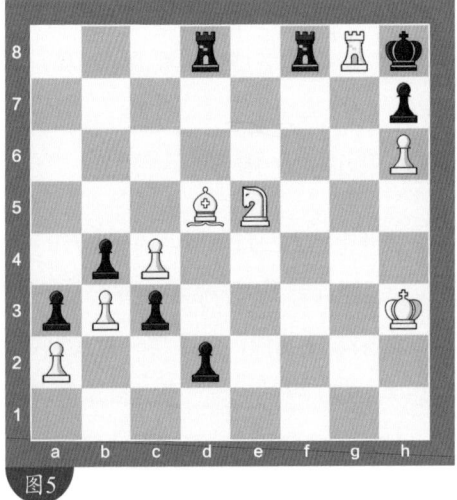

图5

白方弃车，在将黑方的车从监控f7的位置引开的同时堵住了黑王走到g8的线路。

1... 车 × g8 2. 马 f7#

白方将杀成功。

♛ 要点 3：引入危险位置

图6中轮到白方走棋。现在白方的马和车分别受到黑方的进攻，因此白方即便此时多一个兵，但还是需要采取紧急处理

的方式攻击黑方阵地，从而解决自己棋子受攻击的问题。

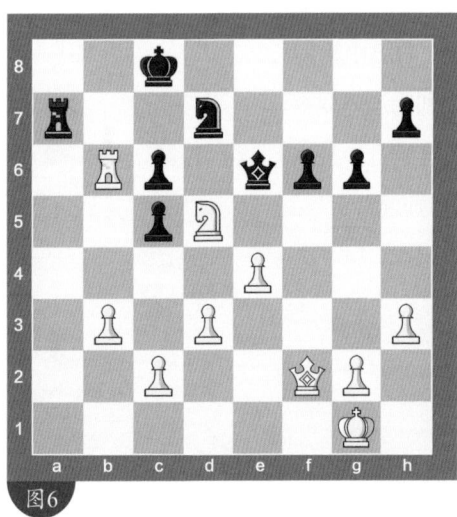

图6

1. 车 × c6+（图 7）

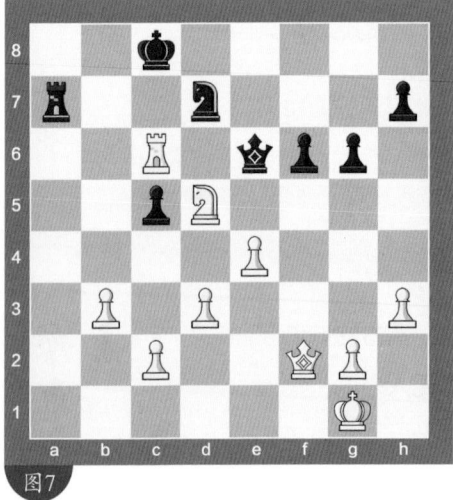

图7

白方弃车，目的是把黑方的后强制引到一个被抽将的位置中。

1...后×c6 2.马e7+ 王c7 3.马×c6

白方得子。

图8中轮到白方走棋，现在白方有一个利用连环战术进行打击突破的机会，通过连续几步将军的走法将己方棋子的位置进行调整，最后通过引入战术进行最后的收尾。

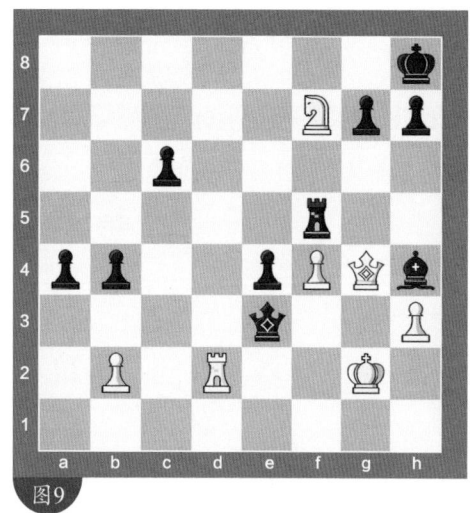

图9

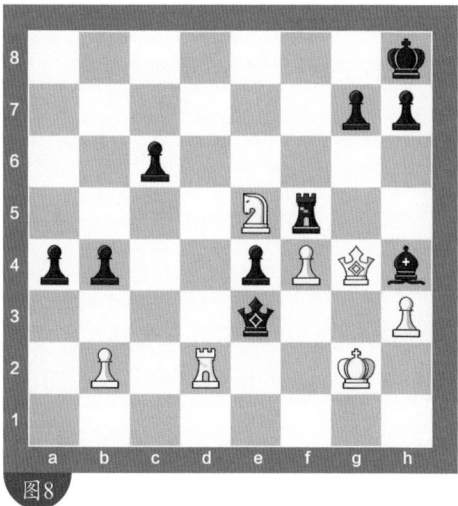

图8

1.马f7+！（图9）

黑方的f5车不能移动，白马走到f7如入无人之境。

2.马h6+ 王h8 3.后×g7+（图10）

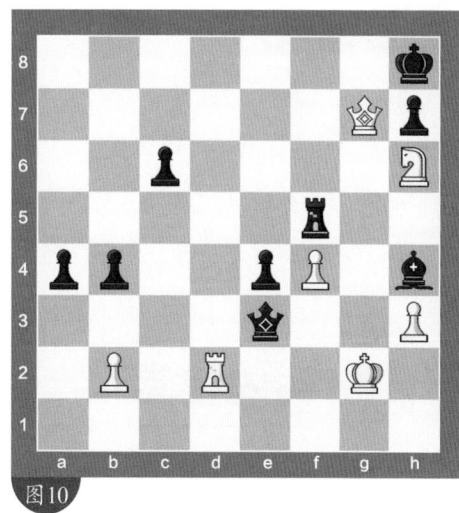

图10

1...王g8

黑方如果走1...车×f7，白方应以2.后c8+，位于底线的黑王将被将杀。

白马已经调整好位置，现在需要在消灭黑方f5车的同时连带将军，所以白方便采取引入战术弃后，逼迫黑王走到一个受攻击的位置。

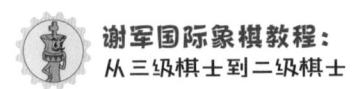

3... 王 ×g7 4.马 ×f5+（图11）

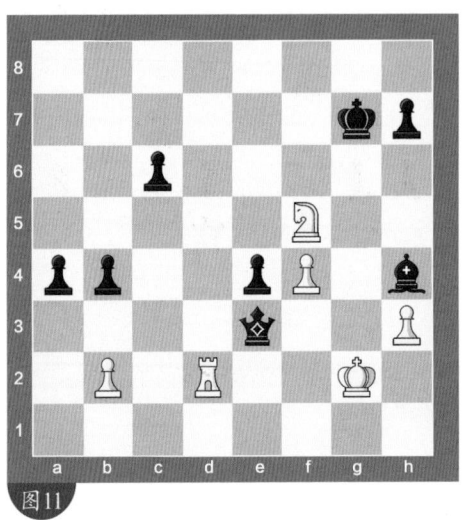

图11

白马在f5同时攻击着黑方三个棋子，由于黑王被将军，此时黑方只能应将。

4... 王 g6 5.马 ×e3

白方得子。

小结：引入战术是接下来实施更为猛烈的攻击的前奏曲，目的在于将对方阵营中担负重要防守任务的棋子引到将受攻击的位置，或者通过多个战术的组合实施，将对方的主要目标的防御彻底摧毁。

课后作业

1 复习本课知识内容，对引入战术的特点加强认识，理解如何通过引入战术将对方棋子"引入"到不好的位置。

2 用自己的话说一说引入战术的特点。

3 按照训练计划完成本书的习题。

 冠军课堂

通过引入战术把对方某个棋子引到特定位置，需要棋手在行动前清醒地找到主攻目标，提前发现对方阵营当中某个棋子如果走到特定的位置就可以帮助我方实现进攻目的。引入战术在实施时通常采取弃子或非等价交换子力的方式，行动目标是将对方的棋子引入包围圈，帮助己方的行动实现预期目标。简而言之，引入战术通过战术弃子让对方的棋子走到特定的位置，为接下来的进攻铺平道路。

第 8 课

中局：简单战术（二）
引离

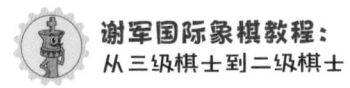

学习目标

1 了解引离战术的特点，掌握相关的知识技巧

2 通过对比了解引离与引入战术的差异

知识讲解

引离战术是指把对方棋子从可以发挥重要作用的关键位置引开，从而达到畅通进攻线路的目的。这一战术行动通常需要弃子，不过在运用引离战术时，弃子更像是"白送子"。这就需要我们换一种方式思考。因为引离战术是以强制的手段把对方处于某个关键位置的棋子引离开，并不是马上消灭掉。醉翁之意不在酒，通过"白送子"的方式引离对方的棋子，最终的目的是以更凶猛的火力攻击更重要的目标。

♛ 要点1：让开重要位置

引离战术最重要的目标是通过战术手段迫使对方棋子让开关键位置或线路，为后续的进攻扫平障碍。引离战术通常不是单独出现的，而是与其他战术手段结合在一起使用的。

图1中轮到白方走棋。目前白方在棋子数量上比黑方少了一个车，所以在接下来的行动当中，白方一定需要采取非常规手段，否则黑方将占据上风。

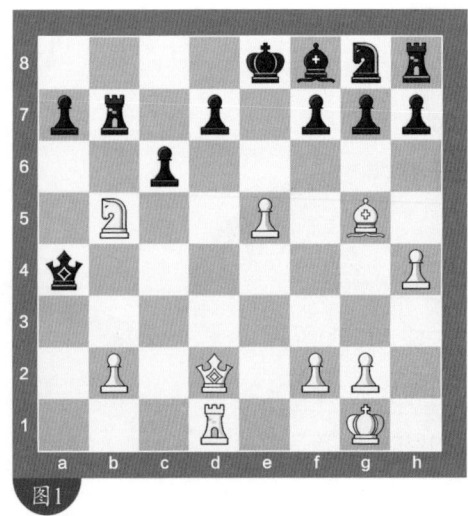

图1

分析局面，我们发现白方有利之处在于子力位置更积极，棋子瞄准了黑方位于棋盘中心的王。现在白方需要找到战术打击的突破点。

1.后×d7+！ 车×d7（图2）

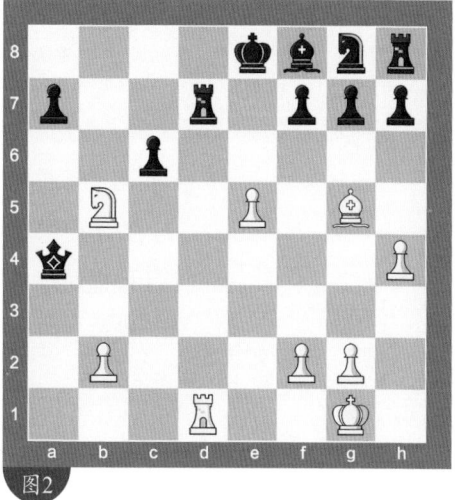

图2

白方弃后无疑是背水一战了。现在黑方位于d7的车阻挡住了白车前进的线路，白方要想在d8制造将杀，必须把黑车引离开d7。

2.马c7+！（图3）

黑方只能接受白方送上门来的马，利用引离战术，白方成功达到让黑车离开d线的目的。

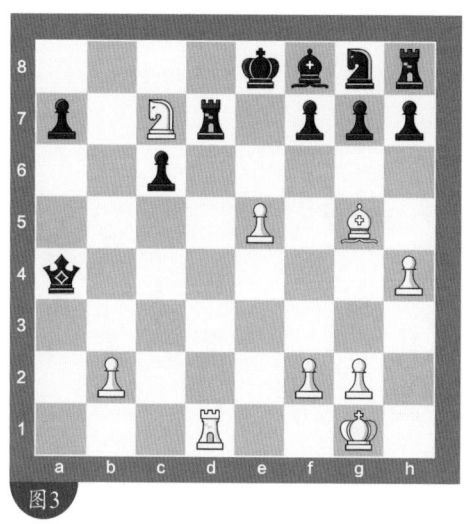

图3

2... 车×c7 3.车d8#

这是一个非常典型的引离战术的例子，白方先采取中心弃子的方式将黑车吸引到d7，然后再采用引离战术将黑车强行从d线上引开，所有的行动只为了实现底线将杀黑王的目标。

图4中白方先走。目前白方棋子数量上处于劣势，但是白方处于进攻的态势，并且黑方的棋子分布于棋盘各处，相互之间缺少配合。通过初步的分析不难得出这样的结论——目前白方子力数量落后，必须加快进攻速度，否则待黑方建立安全防线之后，子力数量上的优势便可以显露出来。

进一步分析可以发现，图4的局面中白方最厉害的威胁是在g7将杀黑王，但是g7被黑方位于g8的车牢牢防护着。白方e5的马对于黑方f7兵的进攻，也被黑方位于b7的后牢牢守护着。看上去，黑方的后和车位置良好，黑方的防线全部建成，白方难以继续加强攻势。

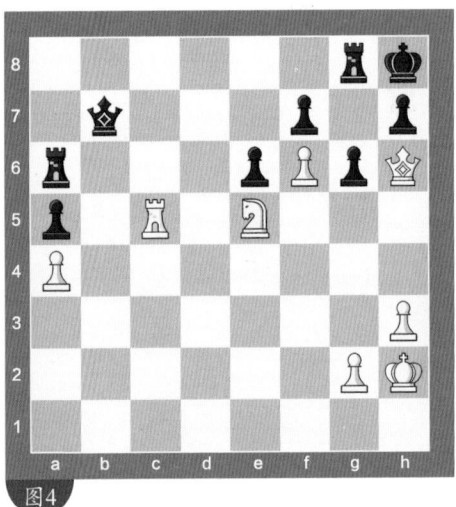

图4

白方应该怎么走才能把黑方起到防守作用的棋子引离呢？围绕将黑方的g8车和b7后引开的目标，采取引离战术，可以为白方找到最佳的破阵方法。

1.车c8!（图5）

白方的车平白无故地送到黑方的"嘴巴"里，但是，这步棋当然不是漏算，而是带有鲜明引离战术特点的攻击行动。白方行动的目的在于将黑方的b7后或者g8车引离开，这样白方就可以视情况在g7或f7将杀黑王。

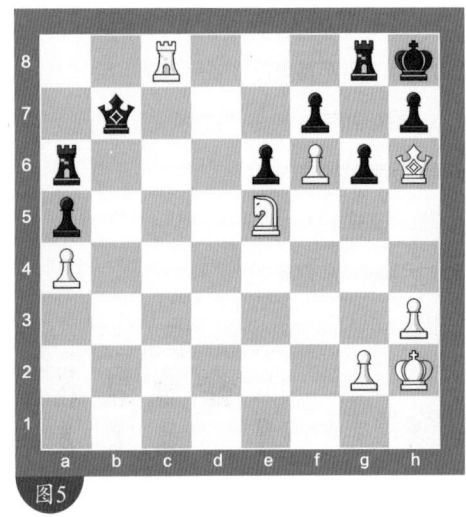

图5

1...后×c8

此时，黑方如果走1...车×c8，白方则走2.后g7#，白胜；黑方如果走1...后×c8，白方则应以2.马×f7#；黑方如果走1...车a8，白方可以走2.后g7#（图6）。

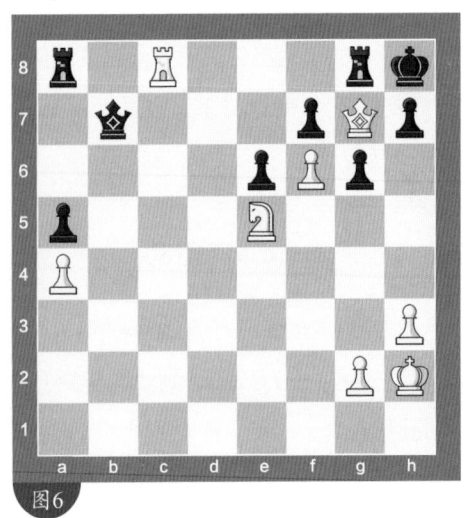

图6

白方在c8的车在底线对黑王起到牵制作用，白方成功将杀黑方的王！

图4中白方1.车c8的行动目的在于将对手最能发挥重要功效的棋子引离原来的位置。这样的战术攻击机会比较隐蔽，只有对引离战术熟练应用，才会想出这样的妙招。

♛ 要点2：利用错位的子力位置

棋局当中的棋子位置无时无刻不处于变化状态中，在行动计划酝酿的过程中，瞄准关键进攻目标或者价值高的棋子是棋手思考的主要方向。在审视分析棋局的过程中，要善于将对方的棋子逼到容易受攻击的位置，利用子力交替实施进攻。

图7中轮到白方走。现在黑方在子力数量上占优，白方的e7车正在受到黑后的进攻，白方接下来应该怎么办？

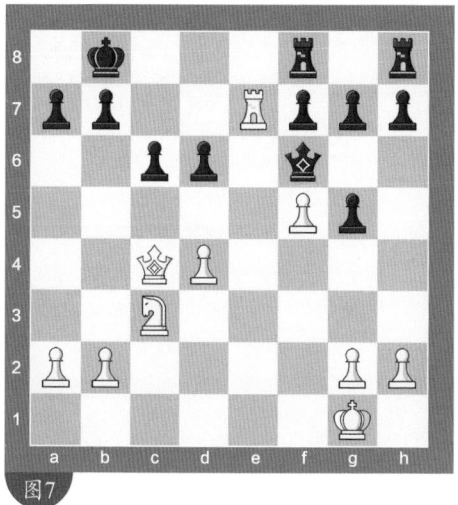

图7

通过综合分析我们很容易得出这样的结论：白车不能后退，那样只会令黑方有时间重新调整子力位置，白方将非常被动。

1.马d5！

白方跃马到d5看起来并没有获得什么实际的收益，这步棋给人不过是临时攻击黑后的假象，似乎并不厉害。

1...后×f5 2.车×b7+！（图8）

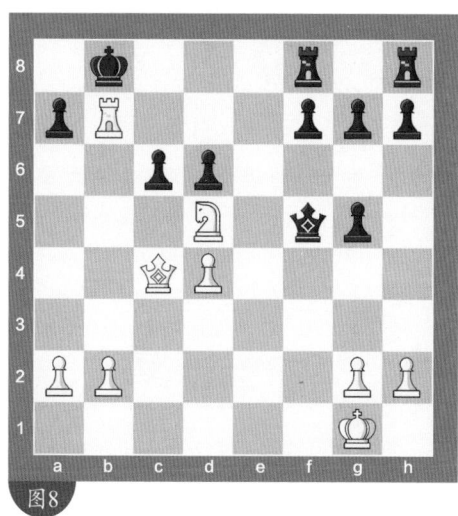

图8

白方通过弃车打开黑王前方的兵阵，现在再回头去看白方跃马到d5那步棋，便会感到其中的奥妙。

2... 王 × b7 3. 后 b4+ 王 c8

黑方不能把王走到a6或a8，否则将遭遇白方跃马到c7将杀的困境。

4. 马 e7+（图9）

白方将军抽后，取得胜势。

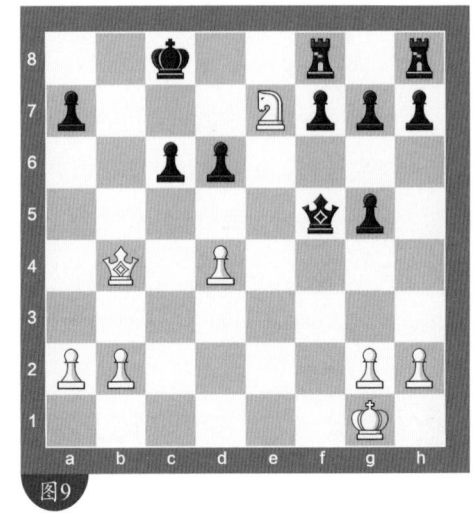

图9

1 复习本课知识内容，进一步加强对引离战术的了解和应用。

2 用自己的话说一说，引离战术与引入战术的不同之处及两者的内在规律。

3 按照训练计划完成本书的习题。

冠军课堂

引离战术与引入战术可以同步学习和练习，正因为这两个战术的实施方式完全不同，所以更容易在学习过程中发现内在规律，更好地掌握战术的特点。引离战术有时与其他战术结合起来应用，具有先弃后取、连续打击的特点。

需要注意的是，引入战术与引离战术的行动方向是一进、一出。引入战术的行动目标是将对方的棋子引入包围圈，引离则是把对方正在担负重要防守任务的棋子强制引开。

中局：简单战术（三）
阻截

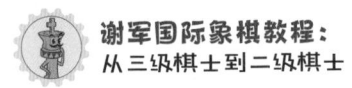

学习目标

1 了解阻截战术判断攻击目标的关键要素
2 掌握阻截战术的局面特点和应用技巧

知识讲解

　　阻截战术也被称作堵截战术或阻塞战术，这个战术的特点是把己方的棋子走到对方棋子的射程线路中，从而达到阻止对方棋子发挥作用的目的。阻截战术的目标是破坏对方子力之间的协同，在双方子力数量多的时候经常使用；在残局子力数量少的时候，很少有机会用到。运用阻截战术时，因为担负阻截任务的棋子可能会牺牲，所以通常使用价值比较低的棋子去完成阻截任务。

♛ 要点1：阻截行动的特点

　　阻截战术的重要特点是利用战术行动降低对方棋子的功效，这里的切断可以是一个棋子挡在中间发挥阻截作用，也可以是在阻截的同时发挥攻击效果，从而让对手的棋子失去活力，减弱其进攻火力。

　　图1中轮到黑方走棋，现在黑方的子力位置良好，但是白方在子力数量上还略占上风，因此黑方需要在攻击白王或限制白后的火力发挥上面下功夫。黑方的c兵已经冲到第3横线，非常具有威慑力，但

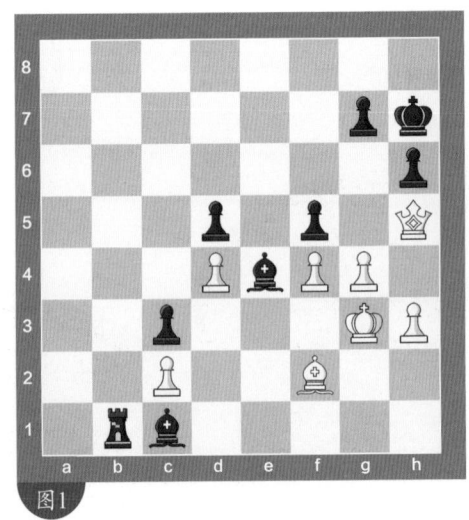

图1

是毕竟升变的路途还很漫长，所以黑方暂时不能把行动重点放在c兵上。

1...g6（图2）

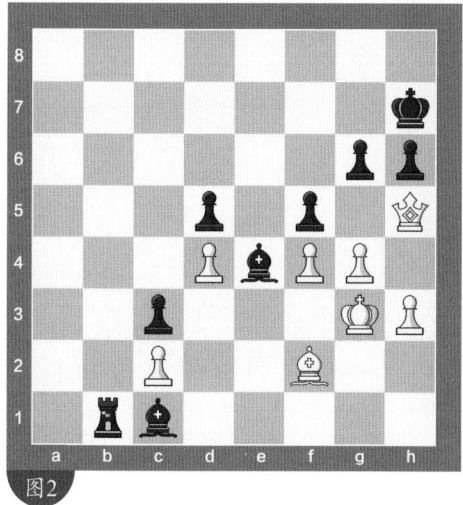

图2

黑方挺兵攻击白后，这步棋看起来很平常。不过，这步棋很好地起到了阻断白后进攻的目的，并且为黑方后面的行动埋下绝佳的伏笔。

2.后h4 g5（图3）

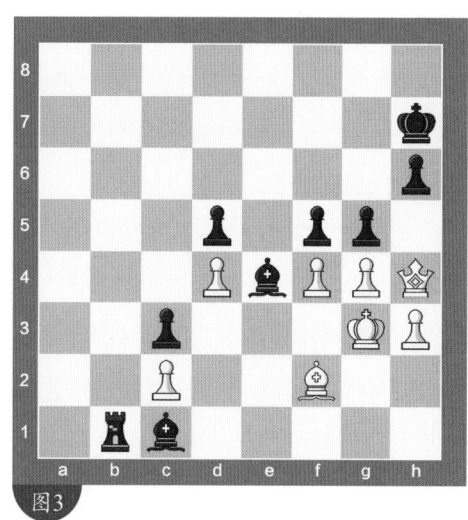

图3

此时，黑方还有一种厉害的走法是2...象×f4+ 3.王×f4 g5+，通过击双实现抽吃白后的效果。

3.f×g5 象×g5 4.后×g5

为了避免出现4.后h5 f4+（图4）5.王h2 车h1#的局面，白方只好以后换象。

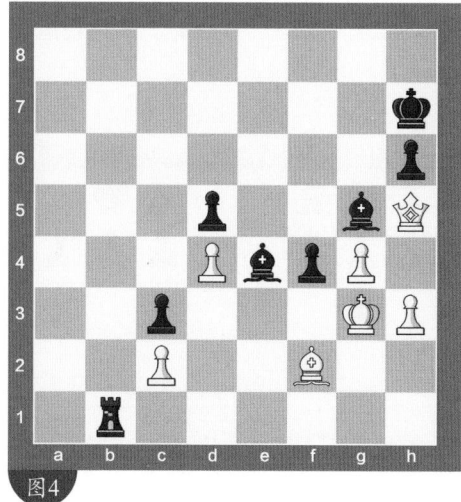

图4

这里也间接解释了为什么2...g5的走法要比2...象×f4+更具杀伤力，因为前者能够直接带来将杀的威胁，效率当然更高。

4...h×g5

黑方收获满满，取得胜势。

有些时候，战术打击是以一种很普通

的方式出现的，既没有弃子，也没有什么玄妙可言。不过，类似这样的"普普通通"着法，最能显示棋手对棋局的把控能力和对机会的捕捉水平。

图5中轮到白方走棋。不用细说，也能感觉到白方在出子方面占据的优势。不过，黑方王前阵地还算太平，阵营当中似乎也没有什么明显的弱点。类似的局面最考验白方发现战机的能力，如果白方采取按部就班的出子走法（例如1.车c1或1.后d2等），棋局将稳步发展，黑方可以通过马a6、象f5等子力出动方式进行排兵布阵，缓解出子落后的问题。

图5

1.象e7!（图6）

这步棋看似很随意，却隐藏着厉害的攻击效果。白象走到a3-f8斜线中，阻挡

住黑后的活动空间。接下来，白方便有车a4吃掉黑后的着法。

图6

1...象f5

黑方采取1...f5 2.车a4 象×f2+ 3.王×f2 后b6+ 4.后d4 后×b2+ 5.马e2 后×d4+ 6.马e×d4 车e8 7.车e1的走法，也不能解脱困境。

2.车a4（图7）

由于白方位于e7的象威力巨大，黑后难以找到合适的位置。黑后被活捉，白方取得胜势。

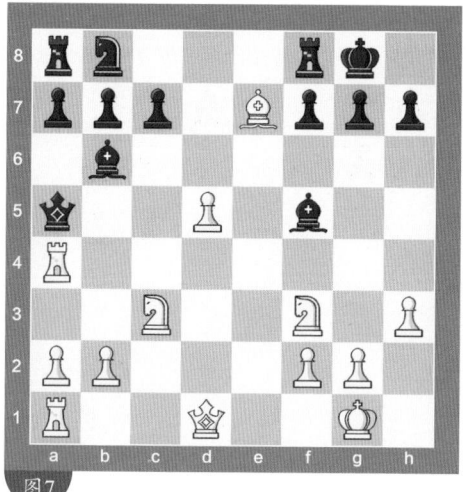

图7

图8中轮到黑方走棋。棋局发展看起来即将呈现一个开放交换的势头，但是黑方如果不能很好地处理棋局，很可能会因为后所处的a8位置发挥不出力量而陷入被动。

1... 马d4！（图9）

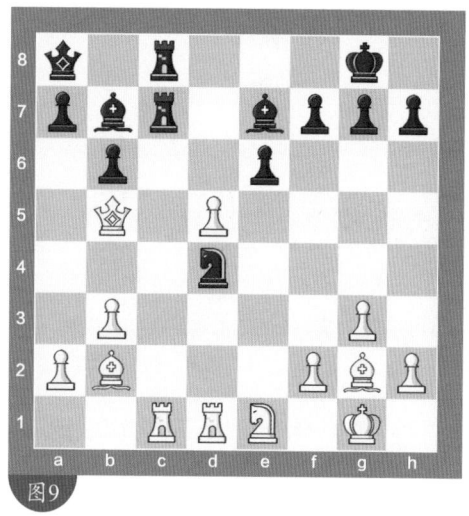

图9

闪开c线，同时攻击白方的b5后。黑方之所以如此"胆大妄为"将马走到d4，主要是因为白方底线存在一定的问题。

黑马在d4的另外一个重要作用是挡住了白方在d线上的进攻火力。

2. 后d3

因为底线上的c1车防护不够，所以白方2.象×d4？车×c1的下法将会直接为黑棋带来胜利。

♕ 要点2：挡住线路，设置路障

棋局形势错综复杂，有时战术打击带来的不一定是明显的胜势局面，而是持久的优势和更好的发展。棋手要善于挖掘推进局面的机会，捕捉能够获得棋局优势的机会。

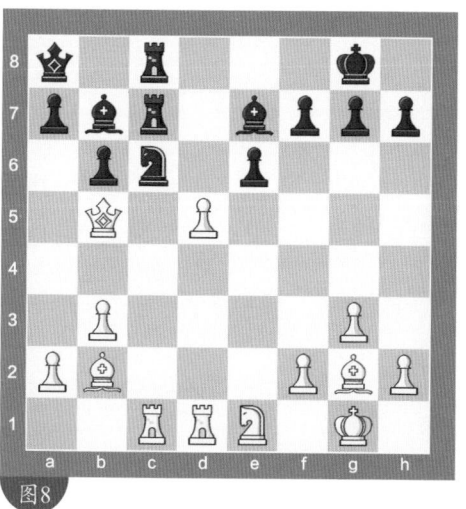

图8

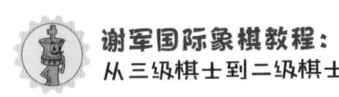
2...车×c1 3.车×c1 车×c1 4.象
×c1 e5（图10）

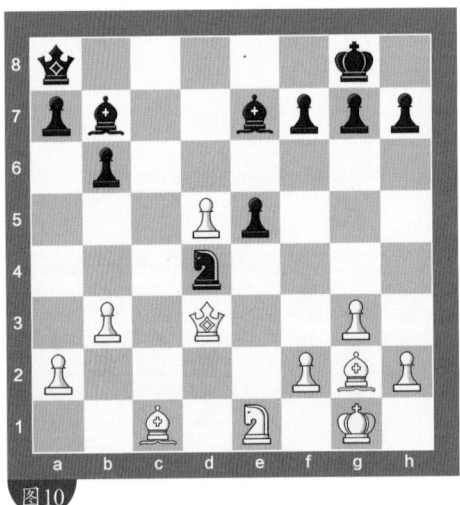

图10

好棋！黑方牢牢地将马固定在d4，这像一道坚实的屏障，将白方对d5兵的防护作用降低，d5兵也将成为黑方进攻的靶子。

5.象b2 象×d5 6.象×d4 象×g2!（图11）

黑方利用精确的行棋次序，获得双象在子力配置上的优势。

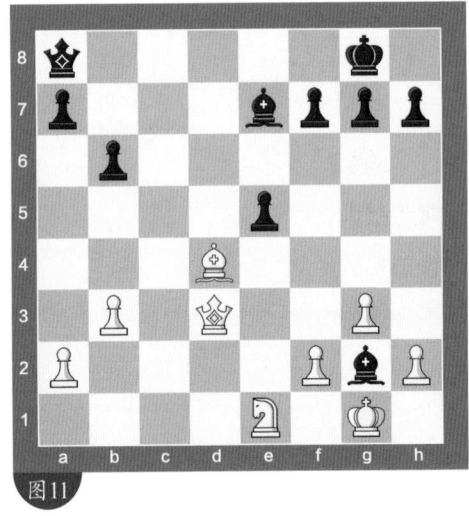

图11

7.象×e5

7.马×g2后d5!的变化，将为黑方带来通过牵制战术获得子力收益的机会。

7...象e4 8.后e3 后d5 9.象d4 象f8
10.后c3 h5

黑方取得优势。

课后作业

1 复习本课知识内容，对阻截战术的目标确定和攻击手段加强认识。

2 回答问题：阻截战术的目的是什么，为什么担负阻截任务的棋子通常价值不高？

3 按照训练计划完成本书的习题。

冠军课堂

　　阻截战术的主要特点是挡住对方畅通线路上的棋子，令其不能充分发挥作用。阻截战术有时需要弃子才能完成，有时则不需要弃子便可实现目标。阻截行动有点像流畅的乐曲中突然插入了不和谐的音符，令原本还在棋局当中大显神威的棋子一下子功效大打折扣，并使其从进攻状态转入被动防守。

第10课

中局：简单战术（四）腾挪

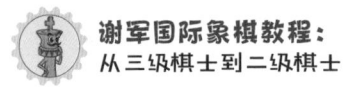

学习目标

1 了解腾挪战术的行动特点和威力
2 掌握腾挪战术技巧

知识讲解

　　腾挪二字完美解释了这个战术的特点——采取战术行动时挪开己方棋子所在位置以供更适合的棋子所用。通常，腾挪战术通过弃子将军的强制性手段来实现，在对方应将的过程中神不知鬼不觉地将更合适的棋子挪到原来棋子的位置中，使其发挥更厉害的进攻作用。腾挪战术可以用来腾出有效格子，也可以用来腾出线路。

♛ 要点：腾挪的意义

　　腾挪战术的作用在于根据棋局发展需要将特定的格子或线路腾出来，留给更适合发挥攻击作用的棋子使用。要正确理解腾挪战术，腾挪战术执行时不一定要严丝合缝地聚焦在某个格子或某条线路，而应通过这样的子力调动方式，将更有用的位置留出来，让更能发挥作用的棋子走到那里。

　　图1中轮到白方走棋。现在黑方在h2和h1被将杀的威胁难以解除，白方必须采

取果断的攻击行动。

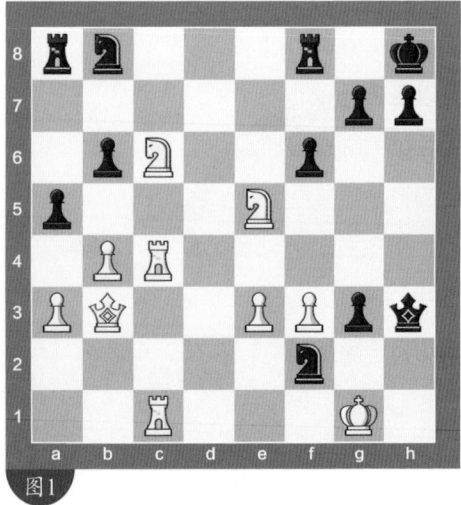

图1

1.车h4!（图2）

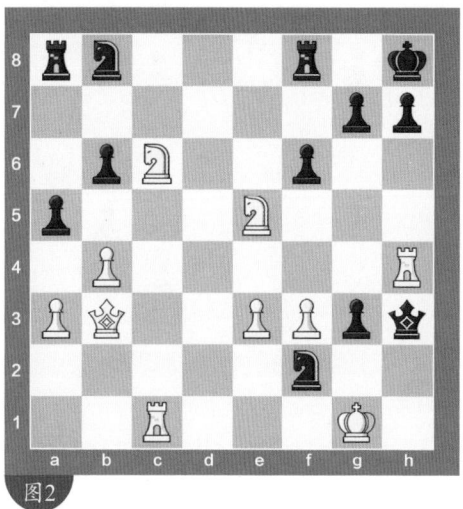

图2

解除白后在a2-g8斜线上的阻挡。好在黑方的将杀威胁都在h线上，所以白方这步车到h4叫吃黑后的着法虽然没有将军，但也使得黑方丧失了直接实施将杀的机会。

1...后×h4

在1...后f5 2.马e7 后×e5之后，白方可以走3.马g6#。当然，白方还可以采取3.后g8+!!的走法（图3），阻截战术令最后的将杀环节更精彩。

黑车被迫走到堵住黑王活动区域的位置中，在3...车×g8 4.马g6#之后，白方成功将杀黑王。

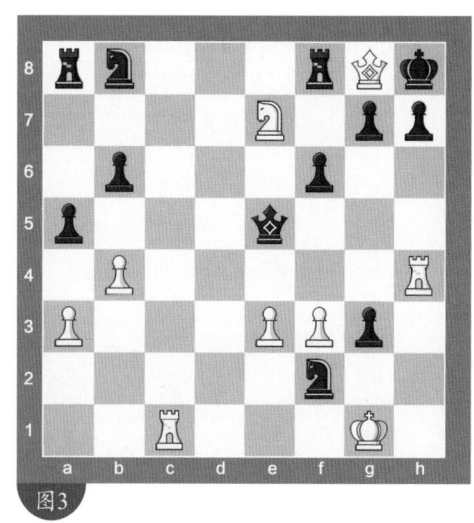

图3

2.后g8+!!（图4）

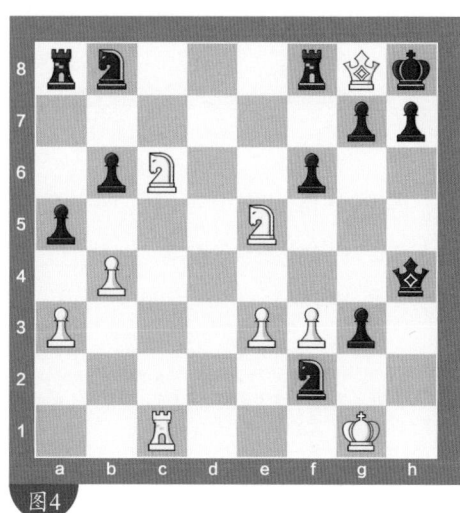

图4

白方凭空弃后，目的在于将位于c6的马腾挪开，制造将杀威胁。

2... 王 ×g8

2... 车 ×g8 3. 马 f7#，白方直接将杀黑王。

3. 马 e7+ 王 h8 4. 马 f7+!!（图5）

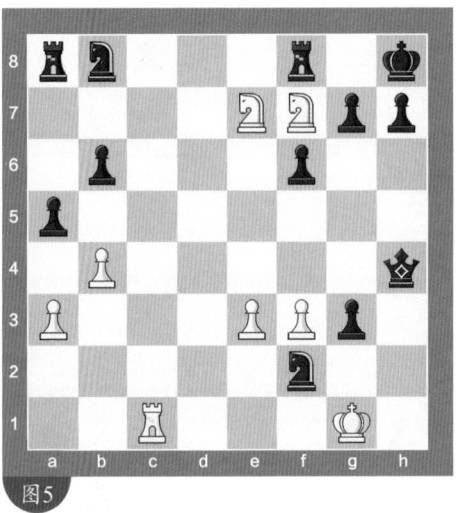

图5

典型的引离战术攻击手段，黑方的底线上还有 f8 车发挥防守作用，那就把这个车引到其他位置。

4... 车 ×f7 5. 车 c8+（图6）

白方通过一系列的弃子行动，在底线实施将杀。接下来 5... 车 f8 6. 车 ×f8#，白胜。

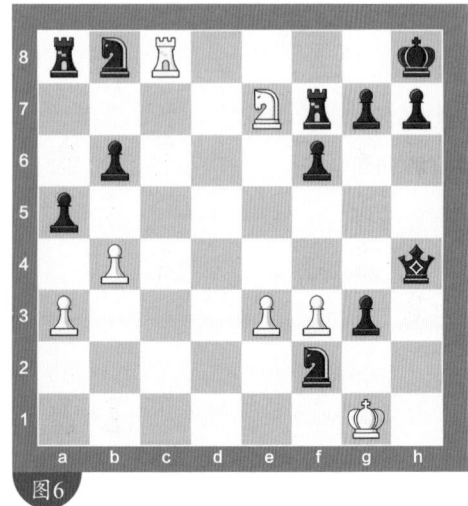

图6

在这个例子中，我们看到了腾挪、引入、引离战术的综合运用。在国际象棋的攻杀行动中，大部分时候战术行动不是以单独的形式出现，而是以多种手段的组合形式出现，这是复杂棋局的特有属性，考验棋手的战术综合运用能力和精确计算能力。

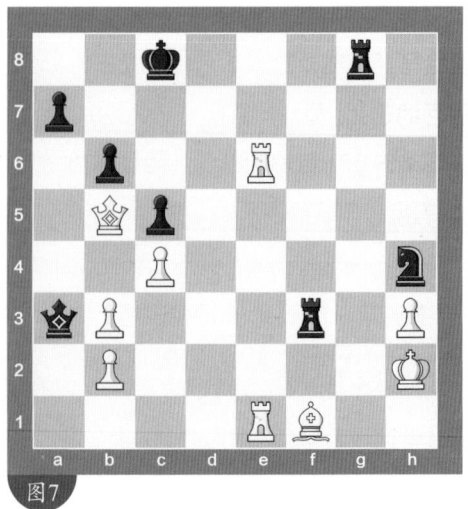

图7

图7中轮到黑方走棋。显而易见，棋局形势错综复杂，黑白双方的王都处于受攻击状态，难以构建有效防线。因此，在这样的局面中，快速组织有效的进攻行动是最佳选择。

1... 车f2+ 2.王h1（图8）

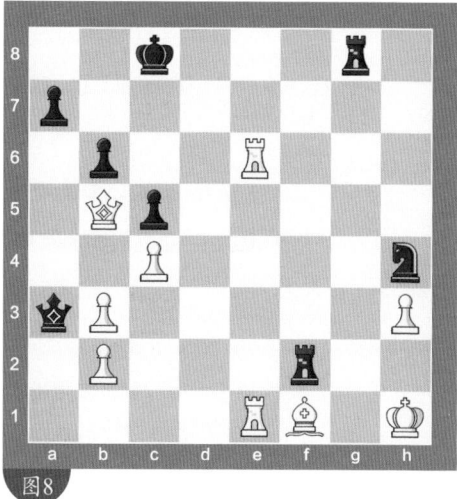

图8

黑方用车将军的意义在于把f3腾出来留给马。当然，白方不会允许黑方此时慢吞吞地走2... 马f3，然后再走3... 车h2实施将杀行动，黑方必须采取具有强制效果的行动。

2... 车h2+!（图9）

既然黑马走到f3带着先手攻击的效果，那么就通过弃车行动把白王引到h2。

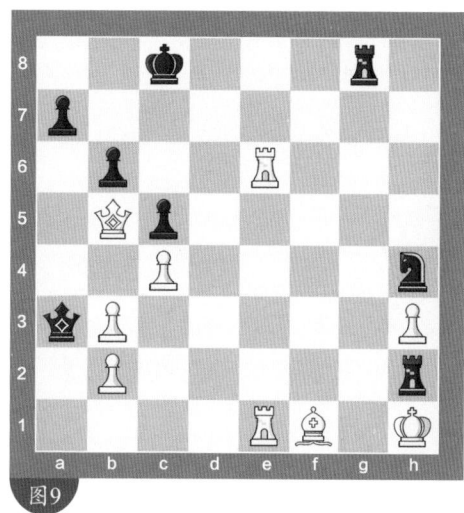

图9

3.王 ×h2 马f3+ 4.王h1 车g1#

黑方顺利将杀白王，取得胜利。

图7的局面中，假如黑方第一步棋不走1... 车f2，而是选择了1... 后×b2+，对局的结果会是什么样呢？

显而易见，经过2.王h1（图10）之后，白方的王前阵地同样岌岌可危。

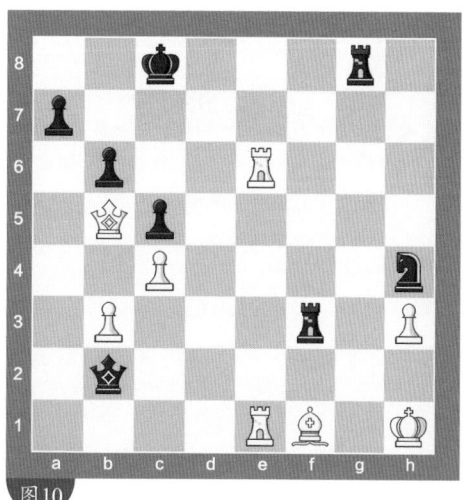

图10

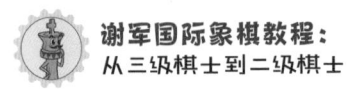

黑方的后、双车和马的火力都瞄准了白王，将杀行动箭在弦上。

现在，黑方可以采取2...车×f1+ 3.车

×f1后g2#的走法，黑方实现了在g2将杀的目标。

图10的局面中，除了采取2...车×f1+ 3.车×f1后g2#的行动，请再为黑方找出两种将杀方法。

答案：
方法1：2...车g1+ 3.王×g1后g7+ 4.王h1车×f1+5.车×f1后g2#
方法2：2...后h2+ 3.王×h2车f2+ 4.王h1车×h2+ 5.王×h2后f3+ 6.王h1后g1#

看，方法2的走法与直接采取1...车f2+ 的下法异曲同工，只不过方法2中的黑方又多弃了一个后。在实战对局中有时看似错过的机会其实并未消失，棋手只需非常冷静地审视局面，找准战机，便可以将棋局带到胜利的轨道当中。

1 复习本课知识内容，增强对腾挪战术的认识和了解。

2 用自己的话说一说腾挪战术的特点，指出腾挪战术的目标意义是什么。

3 按照训练计划完成本书的习题。

冠军课堂

进攻过程中，如果己方棋子已经占据的格子或线路更适合其他棋子发挥作用，这种时候应该怎么办？让那个"碍事"的棋子从所在位置上消失不是一件容易的事情，假如行动速度缓慢，行动计划难免会遭到对手的阻挠。所以，腾挪战术的关键是用强制的手段把碍事的子力从重要的位置上挪开，确保那个有用的位置能为己方其他子力所用。腾挪战术与闪击战术有一定的相似之处，都是使妨碍进攻的棋子闪开或将之弃掉，从而实现更重要的目的。

第11课

中局：简单战术（五）
开线攻击（直线）

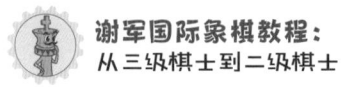

学习目标

1 了解开线战术的行动特点
2 掌握开线战术的基础知识和应用技巧

知识讲解

　　远距离功效的棋子具有行动速度快，攻击射程远的特点，其发挥作用的前提是所在线路必须是通畅开放的。棋局当中，防守方为了阻挠进攻方远距离射程棋子发挥功效，经常会将一些棋子安置在进攻方的进攻线路上，从而影响进攻方的攻击效果。线路不通畅的问题应该怎样解决呢？当然是想方设法打通线路，必要的时候要不惜一切代价弃子打开线路，让线路为进攻棋子所用。开线攻击分为直接弃子开线和间接弃子开线，目标只有一个——让进攻棋子沿着开放线路扑向对手阵营。

♕ 要点1：找准进攻线路

　　当具有远距离功效的棋子行动受到限制的时候，就需要考虑采取开线攻击战术打开线路。因为攻击行动受阻是线路不畅导致的，所以进攻方开线行动的攻击目标比较容易确认。

　　图1中轮到白方走棋，显然黑方的f7兵阻挠了白方双车在f线上的行动，因此白方就需要琢磨如何才能攻破这个"堡垒"。

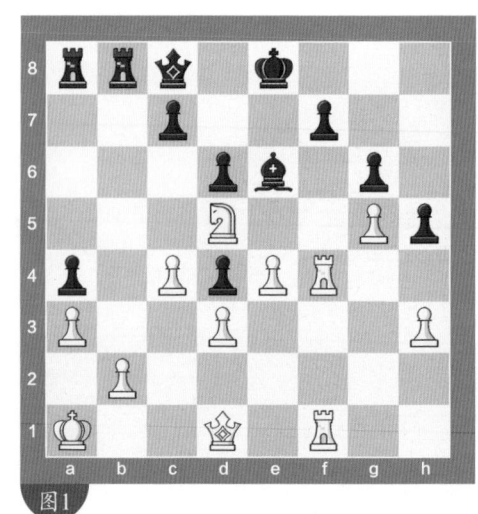

图1

76

1.车×f7！（图2）

图2

之后，白方在开放的线路上持续加大攻击力度，确保攻势持续加强。

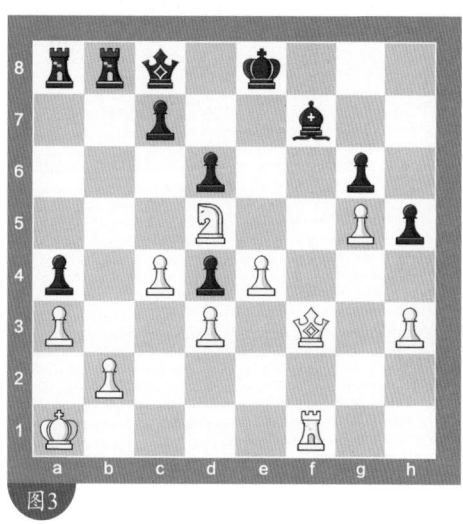

图3

白方采取直接行动打开f线，进攻的节奏掌握得非常好！看似同样厉害的1.后f3着法不能取得立竿见影的效果。因为黑方可以通过1...后b7的手段反击，当白方防守b2兵的时候，黑方再挺兵到c6，在第7横线顽强防守。

1...象×f7

黑方必须予以应对，此时找不到其他反击手段。如果1...象f5 2.车1×f5 g×f5 3.车×c7，白方取得胜势。

2.后f3（图3）

弃车开线那步棋需要胆量，白后到f3这一很"安静"的走法需要智慧。打开f线

2...象e6 3.后f8+ 王d7 4.后g7+ 王c6 5.马e7+ 王c5 6.马×c8

白方消灭黑后，获取胜势。

👑 要点2：开线借力打力

开线是为了让具有远距离功效的棋子发挥更大的作用，有时弃子之后的进攻直接来自这条开放的线路，有时是需要综合其他棋子的能量，实现借力打力的效果。

图4中轮到白方走棋。白方的王前阵地看起来并不牢靠，如果黑方能够将棋子调动到合理的位置，很有希望对白方的王前阵地及c3兵发动有效进攻。

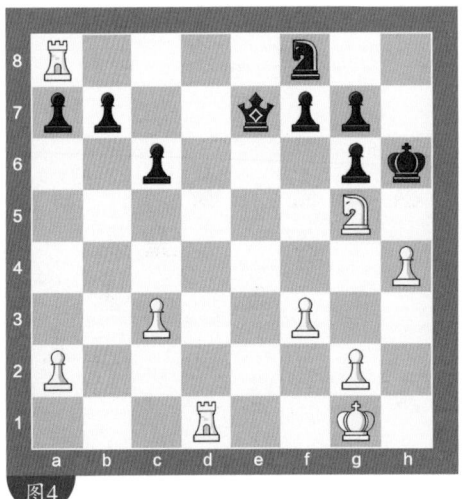

图4

经过深入分析之后，我们可以发现白方需要谋划出有力的进攻才能制约住黑方的行动，但是黑方的f8马阻挡住白方沿着第8横线的行动，白方的进攻突破点在哪里呢？

1.车×f8!（图5）

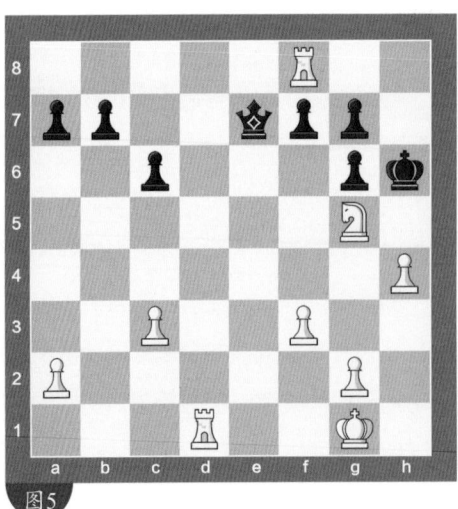

图5

果断弃车，打开第8横线。看似稳健的1.车1d8不能奏效，因为黑方可以应以1...后e1+ 2.王h2 后h4+ 3.马h3 马h7，黑方占优。

1...后×f8

黑方采取1...后c5+的行动不能改变什么，经过2.车d4 后×f8 3.车d8!之后，白方依然可以组织进攻。

2.车d8!（图6）

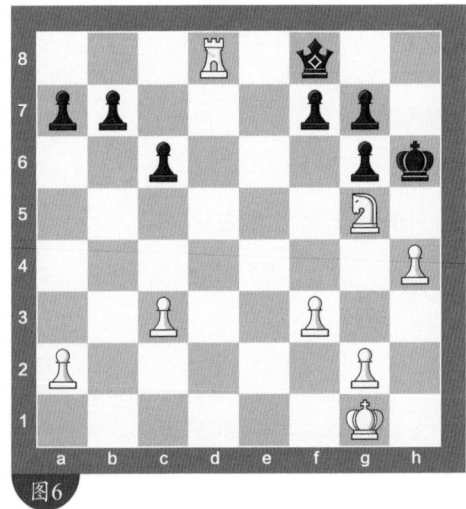

图6

借力打力！弃车是为了将黑后吸引到被白马抽将的位置中，子力之间的默契配合令白方在第8横线上的攻击行动游刃有余。

2...后×d8 3.马×f7+ 王h5 4.马×d8

白方得子。

要点3：开线与其他
战术的组合

开线进攻有时是战术弃子的目的，有时是为了酝酿其他战术打击，提前做好的必要准备。

图7中轮到白方走棋。棋局处于一种激烈对攻的状况，白方在第2横线上受到攻击，如果不能马上找到有效的进攻手段，那么黑方的攻势将难以被阻挡。

图7

白方的进攻机会在哪里呢？第7横线上的g7象挡住了白车的攻击线路，白马在f7也有些碍事，但除了开通第7横线聚焦黑王展开行动，白方没有更好的办法。

1.后h6+！（图8）

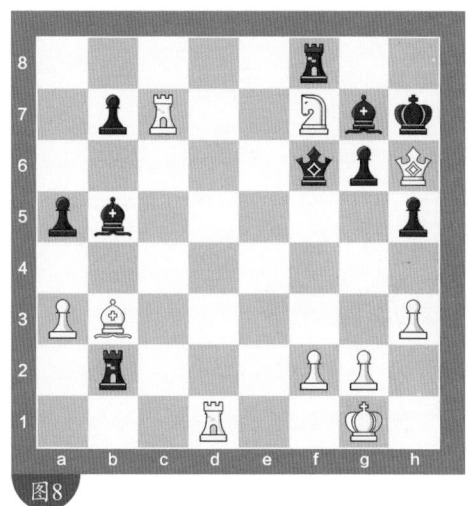

图8

好棋！白方弃后打开了第7横线，白车发威！

1...象×h6

在1...王g8之后，白方有两种方法取胜。

第1种：2.马g5+ 车×b3 3.后h7#。

第2种：2.后h8+（图9）。

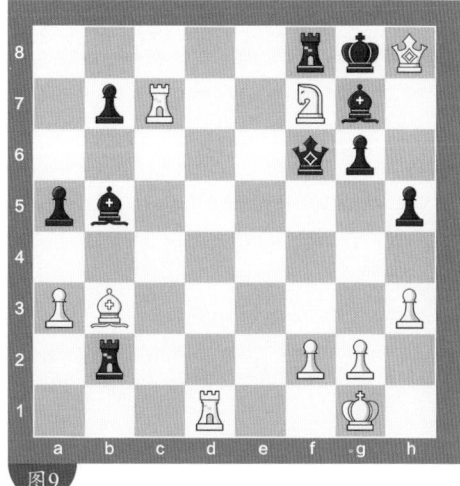

图9

白方再次弃后，谋求第7横线畅通无阻，接下来2...象×h8 3.马h6#。

2.马g5+

厉害的双将，黑方只能以避王的方式进行应对。

2...王h8 3.车h7#

此时，白方在棋盘上只剩下车、马、象这3个棋子能够直接威胁到黑王，但三子之间协调配合，保证了白方的胜利。

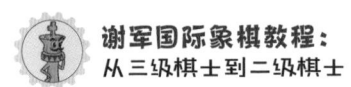

课后作业

1 复习本课知识内容，加强对进攻过程中开线攻击的理解。

2 用自己的话说一说，开线攻击需要具备什么条件，开线弃子之后是否需要其他子力的配合。

3 按照训练计划完成本书的习题。

冠军课堂

虽然开线攻击的目标显而易见，但是弃子开线的战术打击机会在实战对局过程中经常被棋手错过。为什么看似简明的手段反而不容易被发现呢？就是因为攻击目标的防线看上去牢固，棋手有时只关注在弃子位置直接获得的理想收益，忽略了开线带来的其他位置上的攻击机会。开线攻击经常是以弃子将军的方式体现，之后是若干回合的强制性走法，这非常考验棋手的计算能力。

中局：简单战术（六）
开线攻击（斜线）

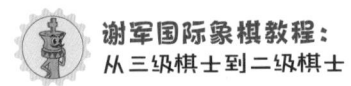

学习目标

1 了解斜线开线进攻的特点，特别是后和象在进攻中的作用
2 理解不同战术的综合应用

知识讲解

　　人们经常非常形象地把斜线上的开线攻击比喻为"大斜线进攻"，来自斜线通路的进攻力量像一道射线将棋盘切割开来，给防守方带来极大的压力。后和象可以沿着斜线的线路前行，因此斜线的开线攻击主要为后和象打开攻击线路，大多数时候进攻的火力都瞄准对方的王。开放斜线上的象和后威力巨大，斜线上的压力贯穿整个棋盘，令防守方的王行动受限。

♛ 要点1：切割作用的斜线攻击

　　斜线开线进攻与棋子所在位置和攻击目标之间的距离无关，同一条斜线上，不管进行攻击的棋子是靠近进攻目标还是在棋盘遥远的角落，威力都是一样的。斜线攻击有时比较隐蔽，但是当攻势爆发的时候，斜线上的控制和攻击作用仿佛一下子把棋盘切割开来，令受攻击目标丝毫动弹不得。

　　图1中轮到黑方走棋。通过简单分析局面我们看到双方的子力数量相同，但是

黑后受到白方b1象的进攻，难以找到安全

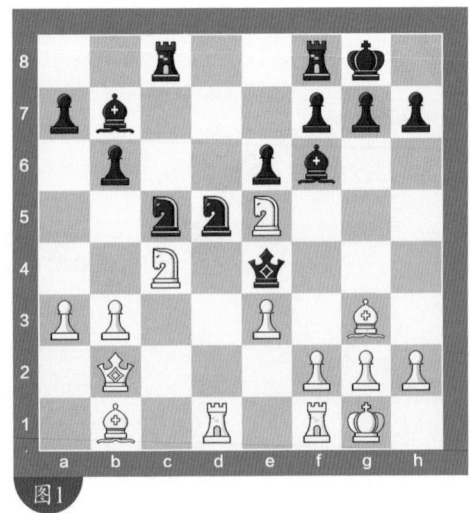

图1

的位置。与此同时，我们也会发现黑后与黑象同在h1-a8斜线上可能攻击到白方位于g1的王。显然，黑方没有时间悠闲地闪开位于d5的马，但是来自h1-a8斜线上的战机仍是黑方此时最应该思考的重点。

1...后×g2+!（图2）

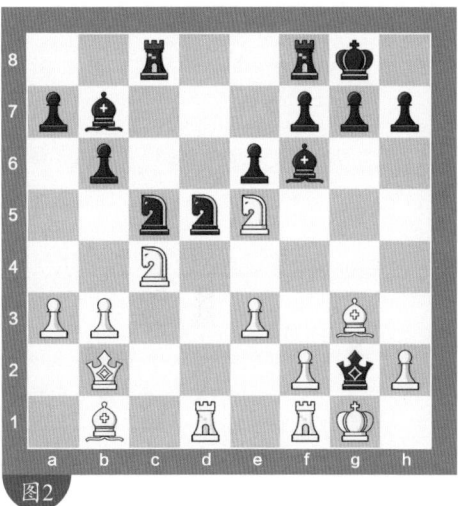

图2

既然d5马无法及时让开斜线当中的位置，那么就用黑后来打通h1-a8斜线。

在走出弃后这步棋之前，黑方应该把后面的变化都算清楚了。

2.王×g2 马f4+（图3）

白方只能采取避王的方式来应对黑方的双将打击。需要提醒的是，在做出类似弃后这样重大决定的时候，棋手务必把后面的变化计算得清清楚楚，确保走棋精准。

例如，此时黑方走2...马e3+，虽然同样可以获得双将的效果，但是当白方应以3.王g1之后就会发现，黑方无法继续加强进攻。

图3

3.王g1 马h3#（图4）

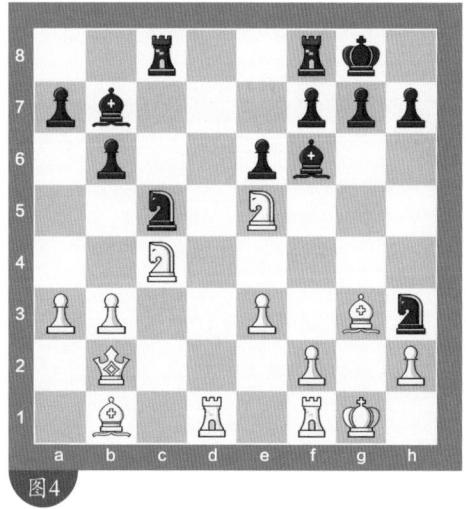

图4

白王被"锁定"在g1，惨遭将杀。黑胜。

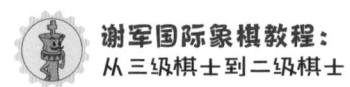
要点2：斜线开线与 其他战术的配合

以黑方的后只能接受这份"礼物"。

打开线路只是实现目标过程中的一个环节，最终的进攻焦点可能在其他位置上。

图5中轮到白方走棋。这是一个看起来十分复杂的局面，一些子力处于交换状态，双方的子力位置比较优越。显然，如果没有什么特别的战术打击手段出现的话，棋局将陷入一场混战。

图6

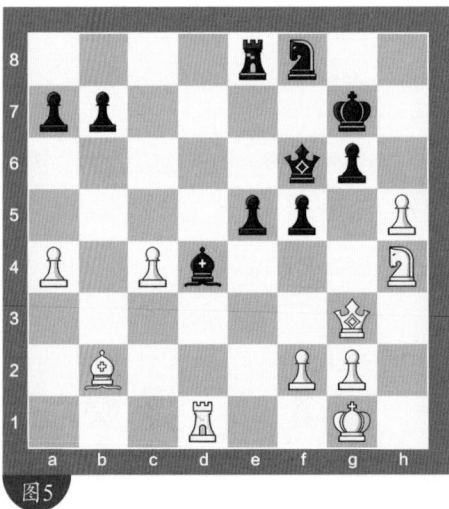

图5

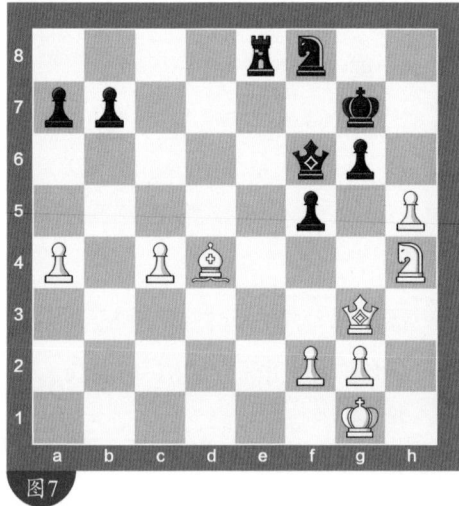

图7

1.车×d4（图6）

白方弃车，打开了a1-h8斜线上的进攻通路。

1...e×d4 2.象×d4！（图7）

白方弃象，因为牵制着黑方的王，所

2...后×d4 3.马×f5

在跃马将军的同时攻击黑方位于d4的后，白方获得胜势。

要点3：声东击西达到开线目的

大多数情况下，斜线开线的攻击是围绕对方的王进行。有些时候，战术打击行动更像是灵动的"巧着"，恰到好处。

图8中轮到白方走棋。看起来，在a8-h1斜线上黑方的象和后更积极主动，发挥着牵制白方子力的作用。但是，借助一个灵巧的战术，白方瞬间在斜线的争夺中占据主动。

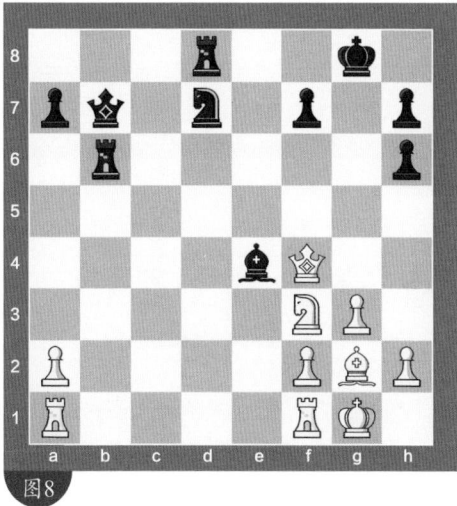

图8

1.马g5（图9）

随着白方的马走到一个看似不经意的位置，黑方瞬间遭受到多重打击。

1...象d5

在1...h×g5 2.后×g5+车g6 3.后×d8+马f8 4.象×e4 后×e4 5.车fe1之后，白方获得子力优势。

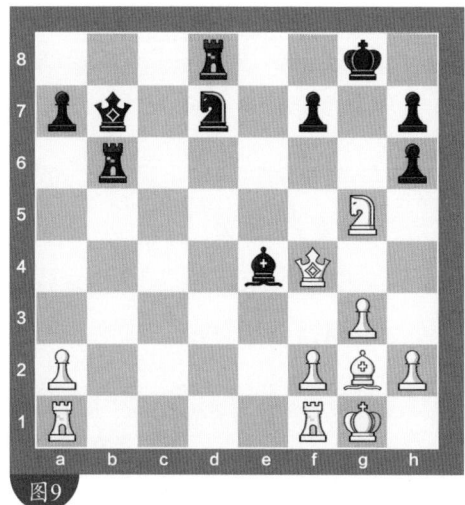

图9

2.马×f7（图10）

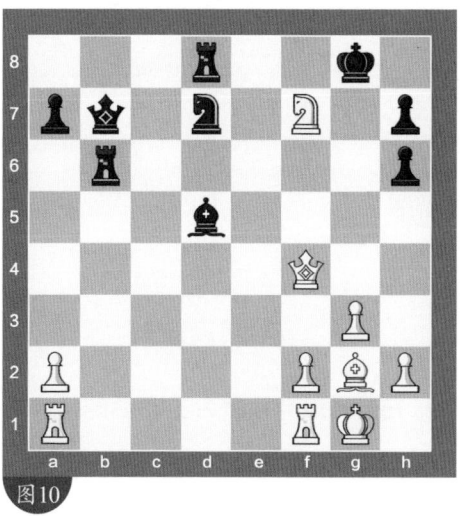

图10

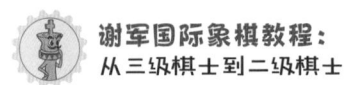
利用在 a8-h1 斜线上的牵制，白方再次将马走到一个看似不经意的位置当中。黑方的王前阵地中的兵被消灭当然没有那么容易，接下来双方将陷入胶着状态。

> 2...车f8 3.后g4+ 车g6 4.象×d5 后
> ×d5 5.马×h6+ 王h8 6.车fd1 后c5
> 7.后d4+ 后×d4 8.车×d4

白方通过精准的走法化解了黑方的防守反击，获得子力优势。

图11中轮到白方走棋。白方已经获得优势，如何能干净利落地扩大优势呢？

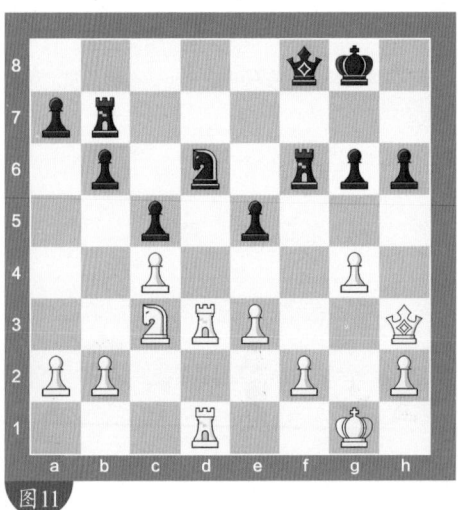

图11

> 1.g5！（图12）

白方通过弃兵激活了h3后的斜线攻击能力。

> 1...h×g5 2.车×d6！车×d6 3.车
> ×d6 后×d6 4.后c8+

白方将军抽吃黑方的b7车，获得子力优势。

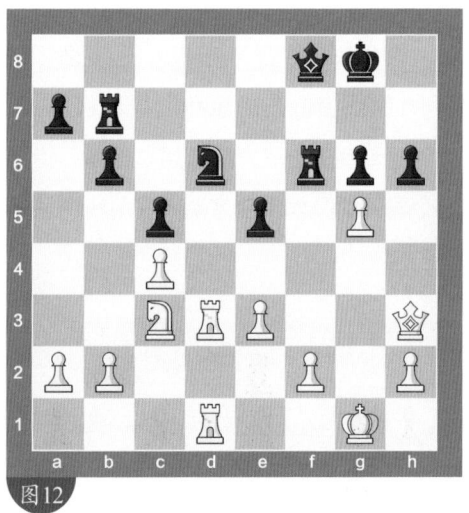

图12

要点4：直线+斜线的开线攻击

有些战术打击手段具有集多种战术于一体的特点。其实，不管战术归属到哪一类，找准进攻目标才是最重要的。

图13中轮到黑方走棋，白方的王前阵营空虚，黑方只需要把线路打开，把子力运送到"前线"即可。

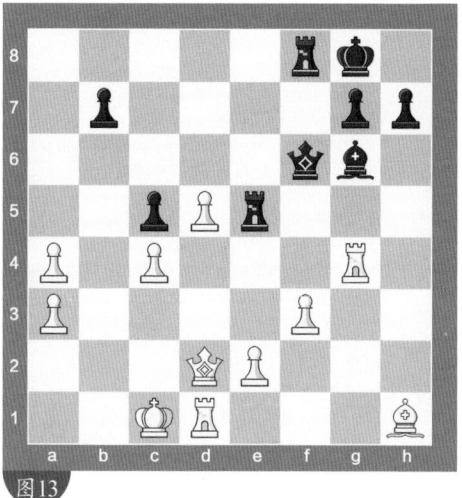

图13

2...后a1+

下一步带着先手将军消灭白后，黑方取得胜势。

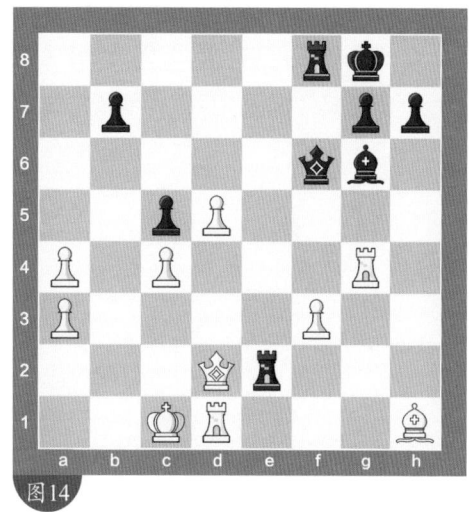

图14

1...车×e2！（图14）

一步弃车，既能打开直线，又能打开斜线。这样的弃子方式，也符合引离战术打击的特点。

2.车×g6

2.后×e2 后c3+，黑胜。

课后作业

1 复习本课知识内容，增强对斜线开线战术中象和后的作用的认识。

2 通过学习和练习，加强对从斜线远距离位置发挥攻击作用的战术的理解。

3 按照训练计划完成本书的习题。

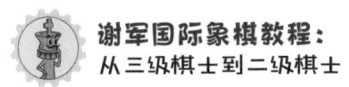

冠军课堂

　　象和后是斜线开线后发挥作用的主力军。需要提醒的是，在斜线开线攻击的过程中，一定要特别重视象的作用。在常规的观念中象是轻子，价值没有那么高。但是，在斜线进攻时，象作为一个主力后援棋子，可以从棋盘较远的位置发挥支援作用，支持其他棋子发挥强大的攻击作用。

第13课

开局：意大利开局（一）
古典下法

学习目标

1 学会意大利开局的走法，了解这个开局发展的历史
2 掌握意大利开局当中双方争夺棋局中心的知识和技巧

知识讲解

意大利开局是国际象棋最古老的开局之一，距今已有超过500年的历史。在意大利开局中双方出子速度都比较快，棋盘中心是较量的主要战场。在这个开局中，黑方要特别注重对空间的争夺，避免白方子力大规模扑向中心形成主动。白方在中心行动的节奏很有讲究，过早的中心行动容易被黑方破坏；过晚则会错过了中心挺进的机会，被黑棋抢先，从而陷入被动。

意大利开局当中的各种变化都已经被研究得比较深入，我们很难在这个开局中创造出全新的思路和走法，因此熟练掌握不同棋局形势的判断技巧是关键。由于棋局开放线路较多，因此意大利开局较容易出现兑子的情况，要善于在局面简化的过程中不断改善己方的棋形。

1.e4 e5

双方以1.e4 e5开启棋局的走法被称作"对王兵开局"，在这类开局中包含着很多具体的变化，从16世纪开始被人们所喜爱的意大利开局便是其中之一。对王兵开局具有棋局形势比较开放的特点，双方的兵在中心呈现对称的态势，这预示着在整个开局较量的过程中，棋盘的中心都是战斗的焦点。

2.马f3 马c6 3.象c4 象c5（图1）

随着双方的象出动到c4和c5，棋局形成典型的意大利开局。从双方的子力出动位置可以看出来，马、象出动都指向中心，接下来将有更多的棋子出动并加入到争夺中心的战斗中。

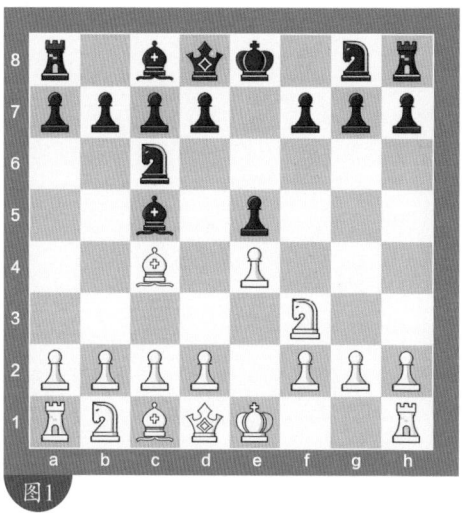

图1

4.c3（图2）

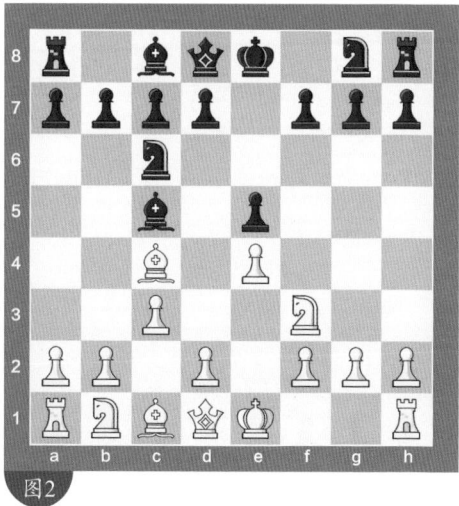

图2

显而易见，白方做好了准备，蓄势要挺兵到d4抢占中心，同时还威胁攻击黑方的c5象。

4...马f6（图3）

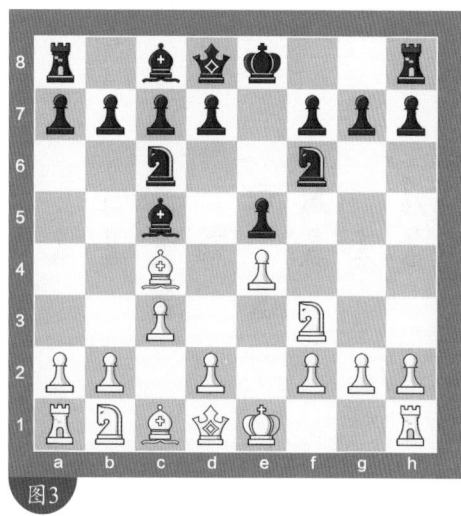

图3

黑方及时出子反击中心！错误的走法是4...d6，这会允许白方的中心d兵带着攻击c5象的威胁从容挺进。接下来的变化可能是：5.d4 exd4 6.cxd4 象b4+ 7.马c3 马f6 8.d5（图4）。

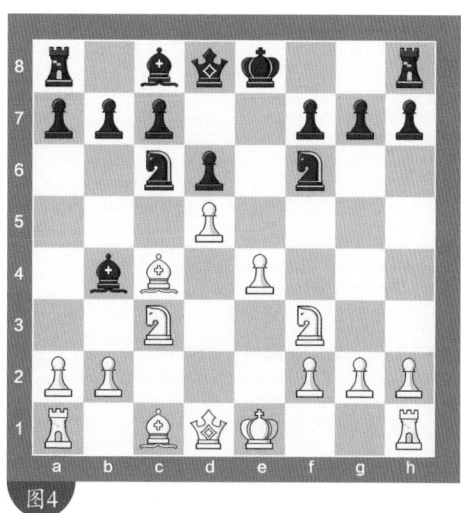

图4

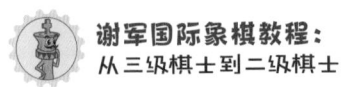
注意，白方的中心兵开始发挥更大的作用，黑方的c6马遭受攻击，接下来的棋局将会出现以下变化：8...象×c3+ 9.b×c3 马e7 10.象d3 0–0 11.0–0（图5）。

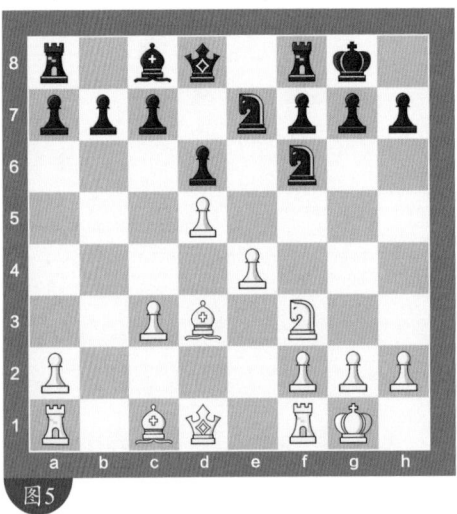

图5

白方获得理想的空间，在行动上拥有更多主动权。

黑方4...马f6的目的就是攻击白方的e4兵，阻止白方的d兵轻松地挺进。

5.d4 e×d4 6.c×d4 象b4+

在6...象b6 7.d5 马a5 8.象d3的变化中，白方显然占据主动。

7.象d2（图6）

这是白方最为稳健的一种下法，也被认为是意大利开局中最为古典的一种下法。

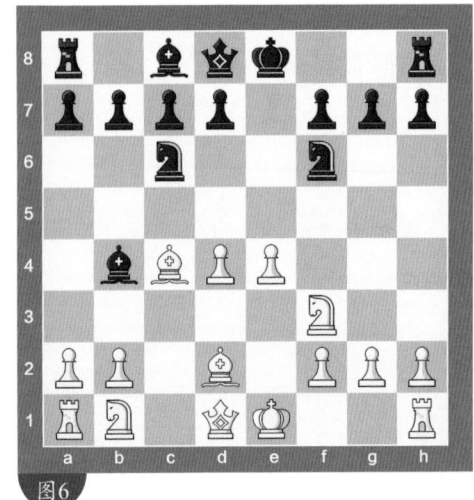

图6

假如白方不用象垫将，而是采取垫马到d2的下法，棋局接下来的变化是：7.马bd2 马×e4（黑方也可以考虑在中心行动：7...d5 8.e×d5 马×d5 9.0–0 0–0 10.a3 象e7 11.车e1 象g4，黑方较好地牵制住白方的子力，棋局形势变得复杂）。

8.0–0 马×d2 9.车e1+ 象e7 10.象×d2 d5（图7）

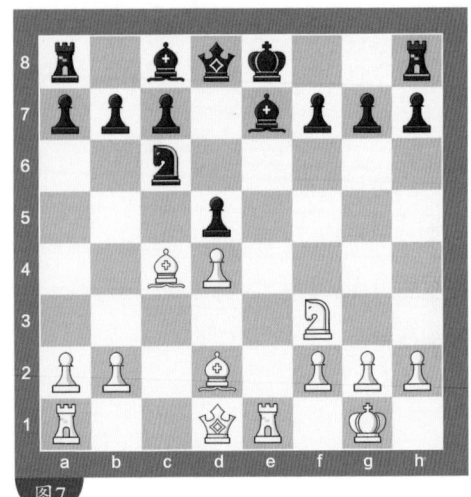

图7

黑方获得多兵的局面，白方在开局中没有占得优势。

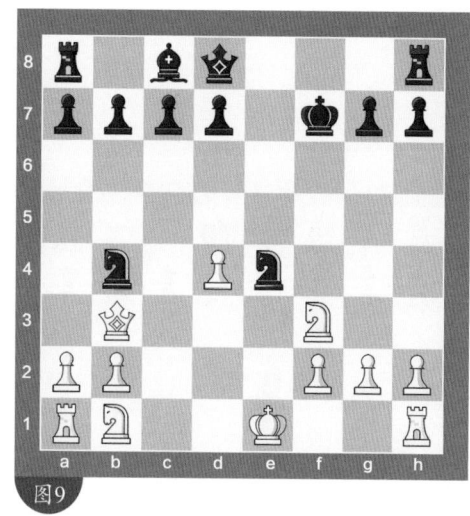

图9

7...象×d2+

黑方能不能采取7...马×e4（图8）的吃兵下法呢？

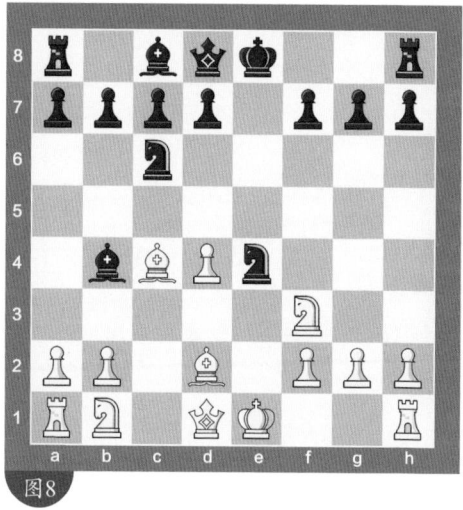

图8

黑方消灭白方的中心兵，棋局局势由平稳瞬间转入到激烈的攻杀状态。

8.象×b4 马×b4 9.象×f7+ 王×f7 10.后b3+（图9）

白方借助击双战术将弃掉的轻子又吃回来，黑方的王看起来在连续遭到好几步将军后有点被动，但鉴于此时白方的王也停留在中心，黑方同样拥有反击机会。

8.马b×d2 d5 9.e×d5 马×d5（图10）

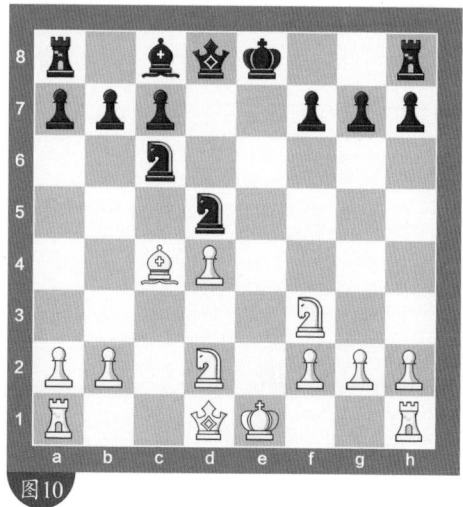

图10

经过9个回合的较量，双方均较好地完成了出子，在开局阶段的较量中，双方旗鼓相当。接下来的棋局将进入到开局与中局的转化阶段，黑白双方能够自由发挥的空间比较大，棋手可以按照自己对棋局

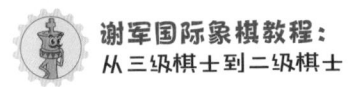

的理解和喜爱进行具体计划和着法的选择。

10. 后b3（图11）

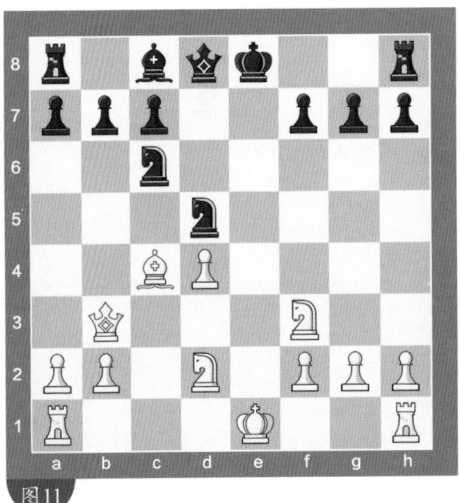

图11

白方继续将火力瞄准中心。此时可以考虑10.0-0 0-0的走子次序，棋局发展将进入到平稳阶段。

图11中黑方主要有两种变化。

第1种变化：10...马ce7。

接下来的变化可能是：

11.0-0 0-0 12.车fe1（12.马e5 c6 13.马e4 f6 然后...王h8，局面形成均势）12...c6，黑方坚守住了中心，出子速度也跟了上来，双方形成均势的局面。

第2种变化：10...马a5。

接下来的变化可能是：

11.后a4+ 马c6（ 在11...c6 12.象×d5 后×d5 13.0-0 0-0 14.车fe1变化中，白方稍占优）。

12.象b5（12.马e5? 0-0 13.马×c6 后e8+!14.王f1 马b6! 15.后b5 b×c6黑方稍占优）12...象d7 13.0-0 0-0 14.车fe1 马f4 15.车e4 后f6 16.车ae1 车ae8，双方大致均势。

意大利开局是棋手开启开局学习的第一课，认真体会争夺中心的策略，对掌握开局大有帮助。

课后作业

1 复习本课知识内容，学习并记忆意大利开局的行动重点和变化。

2 通过实战练习体会意大利开局，将自己对开局变化的感受进行简要记录。

3 按照训练计划完成本书的习题。

意大利开局是所有国际象棋开局当中最古老、最有代表性的开局，经过500多年的不断探索，人们对意大利开局的主要变化进行了反复演练和不断完善。意大利开局具有双方棋子相距较近，局形比较开放的特点，是一个双方均比较容易接受的开局下法。不过，每名棋手都有自己思考的特点，棋风各异，对于不同局面的喜好也不尽相同。在建立自己的开局武器库的时候，先学习、后尝试，再进一步决定是否长期采用某个开局变化的方法，比较适合棋手在开局阶段的棋谱学习和技艺提高。

第14课

开局：意大利开局（二）

较为少见的下法

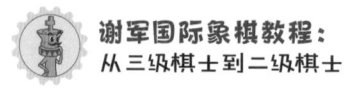

学习目标

1 了解进攻时准确确定主要攻击目标的重要性
2 掌握重要目标的攻击技巧

知识讲解

　　本课介绍意大利开局当中相对少见的变化，在这个变化中黑方可以消灭中心兵，使局势变得错综复杂。双方的开局处理方式对同类局面很有借鉴和参考意义，例如涉及棋盘中心区域的较量以及中心兵的取舍处理，棋手接受或拒绝对方弃兵时应该把握什么样的局面特点，以及有哪些行动手段等。对于类似的弃兵变化，建议大家进行认真学习。

♛ 要点：e4 兵能不能吃

　　在意大利开局中，白方e4兵对于黑方来说无疑是一种诱惑。当然，这个兵不是白方送上门来的"礼物"，白方接下来或者采用战术反击把兵吃回来，或者向黑方阵营施加长久的压力。开局次序变化带有一定的随机性，所以黑方吃e4兵的机会不知道什么时候就会出现。事实是，在以往的对局当中黑方较少选择消灭白方e4兵的下法，大多数时候会选择视而不见，

让开局的发展轨迹回到主流变化中。白方的e4兵什么时候可以吃？什么时候不能吃？研究清楚这个问题，对类似局面的处理都有帮助。

> 1.e4 e5 2.马f3 马c6 3.象c4 象c5
> 4.c3 马f6 5.d4 e×d4 6.c×d4 象b4+
> 7.马c3（图1）

　　相比较上节课中白方7.象d2垫将的下法，白方跃马到c3垫将的走法显然容易挑起战火，这将考验黑方是否敢消灭e4兵。

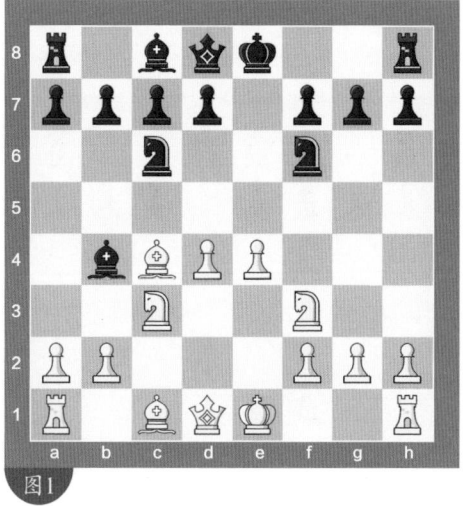

图1

7...马×e4

黑方的另外一种下法是7...象×c3+ 8.b×c3 马×e4，白方可以在中心通过攻击黑方子力给予黑方持久的压力。确切地讲，白方用一个兵的代价换来了空间主动权，接下来的变化可能是9.d5 马e7 10.0–0 0–0 11.车e1 马d6 12.象d3（图2）。

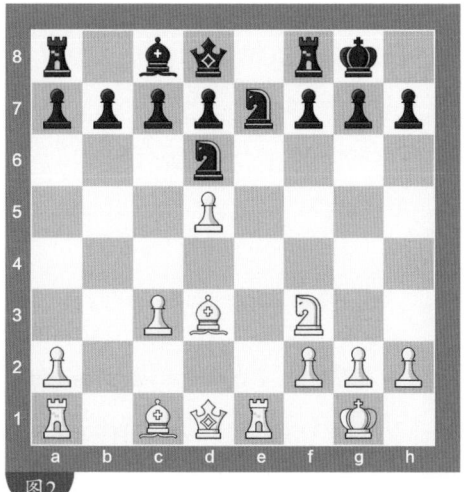

图2

白方继续向黑方阵地施加压力，为此白方付出一个兵的代价还是值得的。

黑方也可以选择走9...马a5，接下来的变化可能是：10.象d3 马c5 11.0–0 0–0 12.d6（图3）。

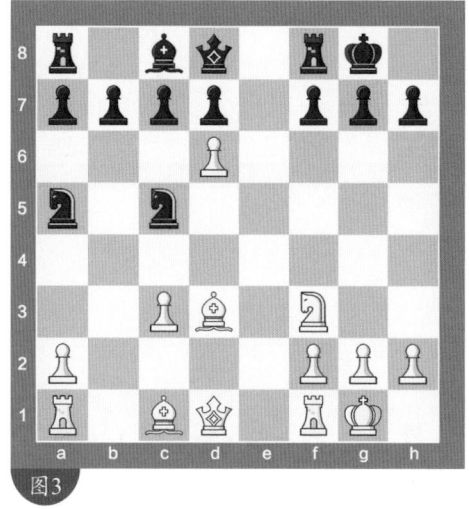

图3

白方试图在中心抑制黑方子力的出动，弃兵获得有补偿的局面。

需要注意的是，黑方7...d5（图4）试图直接从中心反击的走法不能收到预期的效果。

由于白方的王可以快速完成短易位，黑方的王还在中心，因此打开中心的下法会令白方的行动格外顺畅。例如：8.e×d5 马×d5 9.0–0 马×c3 10.b×c3 象×c3 11.后b3 象×a1 12.象×f7+ 王f8 13.象a3+ 马e7 14.车e1，黑方的王被白方猛烈地攻击，很难保证自身安全。

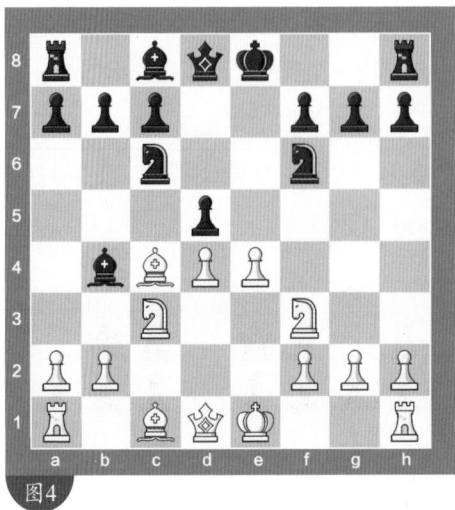

图4

图6

白方需要加快行动步伐，因此选择从中心直接开始行动。在 9.b×c3 d5 10.象 d3 0–0 11.后c2 象f5的变化中，白方弃兵之后并未收获理想的进攻机会，黑方的子力已经基本到位，黑方占优。

8.0–0（图5）

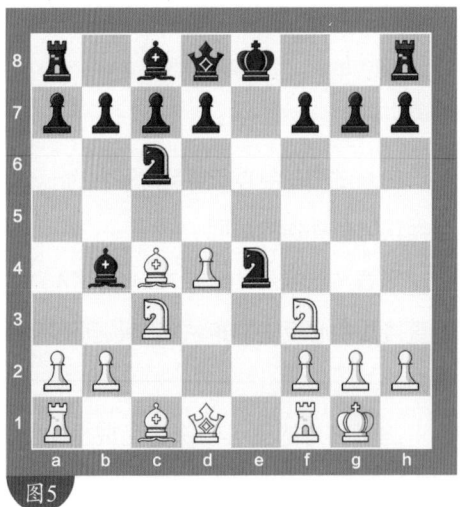

图5

白方还是采取惯用的老办法，将王快速完成易位，接下来就要看黑方能否处理好多兵与王的安全问题了。

9...马e5 10.b×c3

在10.马×e5 象×e5 11.车e1 象×h2+ 12.王×h2 后h4+ 13.王g1 后×f2+ 14.王h2 后h4+ 15.王g1 0–0的变化中，黑方多兵，取得优势。

10...马×c4 11.后d4（图7）

因为黑方的兵形完整，没有特别的破绽，因此白方只好通过连续进攻的方式步步紧逼。

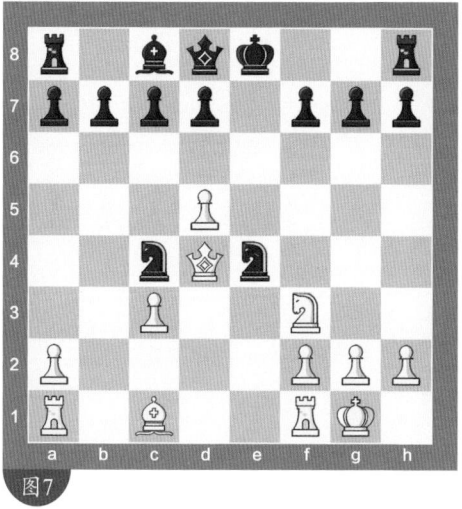

图7

11...0-0（图8）

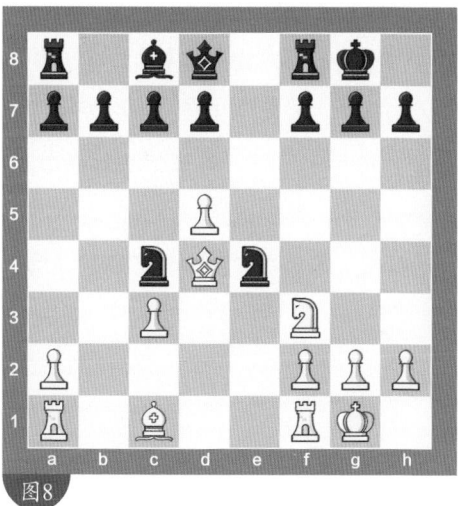

图8

把王走到安全的位置是明智的选择。在11... 马cd6? 12.后xg7 后f6 13.后xf6 马xf6 14.车e1+ 王f8 15.象h6 王g8 16.车e5!的变化中，白方子力异常活跃。

12.后×e4 马d6 13.后d3 b6 14.象a3 后f6（图9）

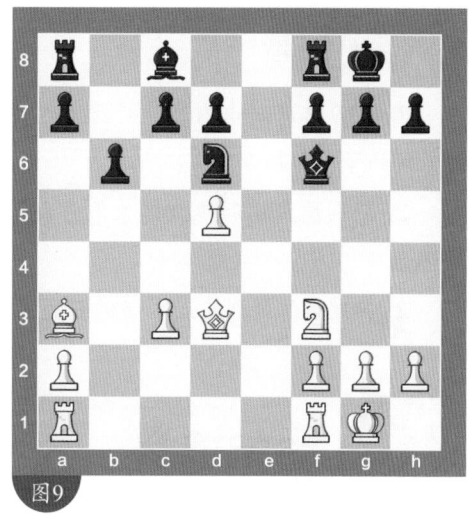

图9

形成复杂的局面。

课堂小测验

摆对局，说一说对下面这盘棋的感受。

1.e4 e5 2.马f3 马c6 3.象c4 象c5 4.c3 马f6 5.d4 e×d4 6.c×d4象b4+ 7.马c3 马×e4 8.0-0 象×c3 9.d5 马e5 10.b×c3 马×c4 11.后d4 马cd6 12.后×g7 后f6 13.后×f6 马×f6 14.车e1+ 王d8 15.象g5马de8 16.车×e8+ 王×e8 17.车e1+ 王f8 18.象h6+ 王g8 19.车e5 白胜。

回答问题：结合前面讲授的开局例子，对课堂学习中的棋局进行分析，说一说黑方哪里走得不够好。

1 复习本课知识内容，对意大利开局当中黑方消灭中心e4兵的后续变化进行较为系统的学习和梳理。

2 分别执白棋和执黑棋采用意大利开局下一盘实战对局，说说自己对这个开局的体会。

3 按照训练计划完成本书的习题。

冠军课堂

在对王兵开局变化中，有时白方采取快速易位的方式出子，将e4兵留在对方棋子的攻击射程内。中心兵的"礼物"到底应不应该接受？黑方如果接受，势必会加快白方的行动速度，黑王在中心可能会遭受巨大的压力；如果不接受，那么无论在心理上还是在具体出子方案的设计上，似乎都有点吃亏的感觉。在类似的局面中，黑方接受弃兵或拒绝吃兵不过是方案A和方案B的差别，两种选择都合理。在学习这个开局变化时一定要仔细研究黑白双方的行动策略，因为在实战中你可能是执白棋的一方，也可能是执黑棋的一方。

第15课

开局：西班牙开局（一）
了解西班牙开局

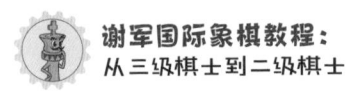

学习目标

了解西班牙开局的多种分支变化的特点

知识讲解

　　西班牙开局距今有400多年的历史，是现代国际象棋比赛当中最为常见的一种开局。西班牙开局的变化繁多，特别是黑方可以在行棋次序上进行多种变化，从而令棋局的走势呈现出不同的特点。总体而言，白方利用早期的子力出动对中心间接产生攻击作用，并在接下来的行动中试图通过中心兵的挺进占据更大的空间和行动主动权。黑方保持稳固的兵形结构，在中心和后翼与白方进行对抗。在一些较为少见的分支变化中，通常是黑方率先变招，在轻子的出动次序和位置方面进行不一样的尝试。对此，白方应对的宗旨是牢牢抢占中心，尽快出子，并尽可能在王翼上组织攻击行动。

♛ 要点：走入西班牙开局

1.e4 e5 2.马f3 马c6 3.象b5（图1）

　　白方3.象b5这步棋，形成了西班牙开局的基础着法。这个开局距今有400多年的历史，早期并不是很流行，在最近的100多年间才逐步受到人们的喜爱。在现代的高水平比赛当中，西班牙开局以稳健的局形、深远的计划和复杂多样性的变化

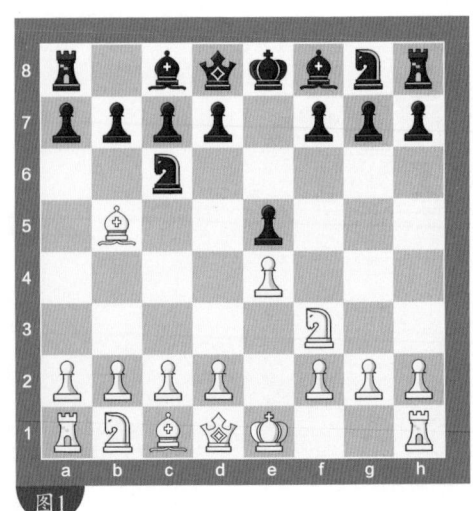

图1

而受到更多追捧。现代比赛当中，选择西班牙开局变化的高水平棋手的数量呈上升趋势，稳固阵营的同时兼具攻杀潜力是西班牙开局最鲜明的特点。

西班牙开局注重对中心的争夺，双方通常采用快速的子力调动实现棋局的动态发展。需要特别说明的是，西班牙开局的变化多样，双方棋手可以选择简化的下法、复杂的下法、开放局面的下法以及封闭局面的下法等，并且，近年来有些棋手采用西班牙开局中的简化局面下法将棋局从开局一下子转入到残局，以防守反击的策略与对手周旋。

3...a6（图2）

黑方借着攻击白象的先手活动边兵，图2的局面被称为是西班牙开局的主要变化。除此之外，黑方还有多种方式继续行棋。

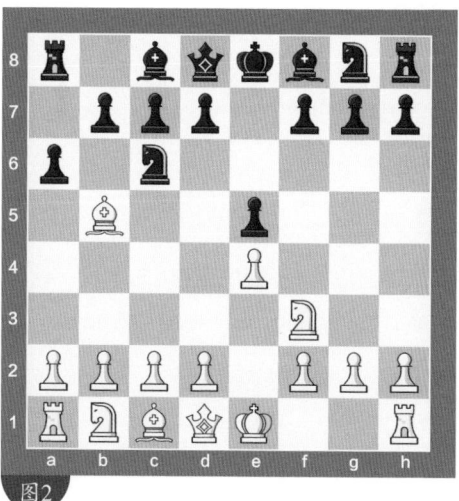

图2

第1种

3...马d4（图3）

黑方跃马到中心，快速定型局面。

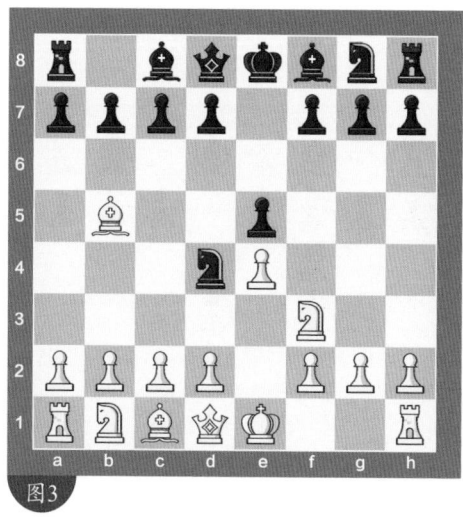

图3

接下来的变化是：4.马×d4 e×d4 5.0-0 c6（如果走5...马e7，则6.车e1 g6 7.d3 象g7 8.c3 马c6 9.c4! 0-0 10.马d2，白方占据中心）6.象c4 马f6 7.车e1 d6 8.d3 象e7 9.马d2 0-0 10.马f3，黑方的d兵受到攻击，白方具有微小但持久的优势。

第2种

3...象c5（图4）

黑方抢先出象，目的在于快速出子，同时加强对d4的控制。接下来的变化可能是4.c3 马f6（黑方也可以考虑采取4...马

ge7 5.0-0 象b6 6.d4 e×d4 7.c×d4 d5
8.e×d5 马×d5 9.车e1+ 象e6 10.象g5的
下法，白方略占上风）5.0-0 0-0 6.d4 象
b6 7.d×e5 马×e4 8.后d5 马c5 9.象g5，
白方的排兵布阵收到不错的效果，白方形
势略好。

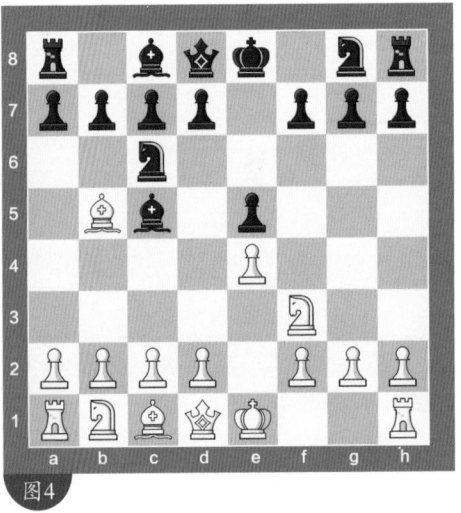

图4

第3种

3 ...f5（图5）

黑方直接开启反击行动，这个变化比
较具有欺骗性，白方如果对该变化缺少准
备，容易在临场时找不到方向。

4.马c3（白方也可以通过4.d3 f×e4
5.d×e4 马f6 6.0-0 d6 7.马c3 象e7 8.马
d5的下法推进局面）4...f×e4 5.马×e4 d5
（在5...马f6 6.马×f6+ g×f6 7.d4 d6 8.d5
a6 9.象e2 马e7 10.马h4的变化中，白方

的子力位置比较理想）6.马×e5 d×e4 7.马
×c6，接下来黑方可以采取以下3种下法：
（一）7...b×c6 8.象×c6+ 象d7 9.后h5+
王e7 10.后e5+ 象e6 11.f4 e×f3 12.0-0，
白方形势主动；（二）7...后g5 8.后e2 马f6
9.f4 后×f4 10.马×a7+，白方率先形成进
攻局面；（三）7...后d5 8. c4 后d6 9.马
×a7+ 象d7 10.象×d7+ 后×d7 11.后h5+，
白方行动速度更快。

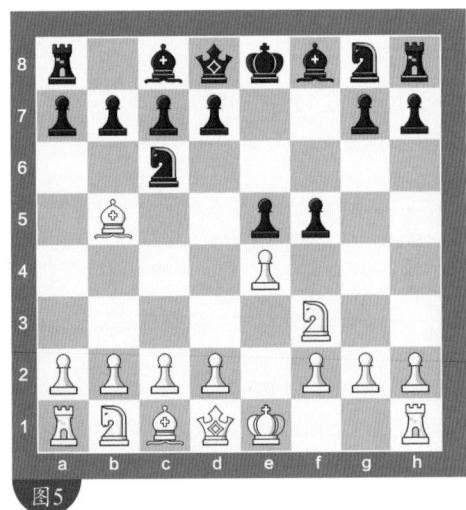

图5

第4种

3...马f6（图6）

黑方直接跃马攻击白方的e4兵，这是
一个非常古典的下法，也是可能直接将棋
局转入残局的开局变例。

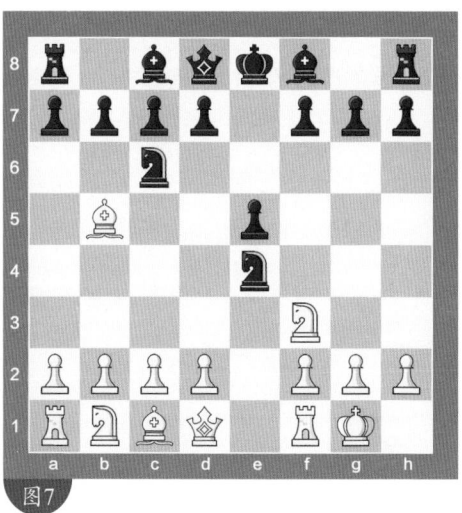

图6

阶段，白方略占上风，黑方的防线坚固。

需要特别提示的是，以往这个变化被认为比较消极，不过在被顶尖世界高手挖掘出该变化的牢固阵型优点之后，这个变化在21世纪变得格外流行。

除了以上4种变化之外，黑方还可以采取3...马ge7、3...g6、3...d6等下法，在此不一一进行介绍。

回到图2的局面，3...a6之后的变化是人们通常说的"西班牙开局主变"。

4.0-0 马×e4（图7）

> 4.象a4 马f6 5.0-0 b5 6.象b3 象e7
> 7.车e1 d6 8.c3 0-0 9.h3（图8）

至此，棋局形成"标准"的西班牙开局模样，战斗从这里开始！

图7

这个被称为"柏林防御"的变化可以快速简化局面，受到当今很多棋手的追捧。

5.d4 马d6 6.象×c6 d×c6 7.d×e5 马f5 8.后×d8+ 王×d8，经过大量的子力兑换之后，双方的战斗直接从开局跳跃到残局

图8

图8的局面中，黑方有多种选择继续行棋，例如：9...马a5；9...马b8；9...h6；

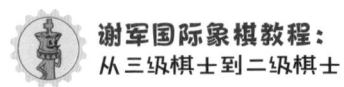

9...象b7；9...象e6；9...a5；9...马d7；9...车e8。每个变化都是在成百上千盘棋局的演练之后形成了相对稳定的"开局棋谱"。

西班牙开局当中蕴藏着多种可能性，棋手可以对自己喜欢的变化进行深入学习。

1 复习本课知识内容，增强对西班牙开局当中一些相对少见的变化的认识。

2 通过学习对局加强对西班牙开局的了解。

3 按照训练计划完成本书的习题。

冠军课堂

西班牙开局是一个较为适合在比赛当中使用的开局。在这个开局变化当中，看似稳固的局形当中蕴藏着多种变化，棋手的创造力有着广阔的释放空间。

在学习的过程中，棋手最好采取先模拟、后创新的方式进行实践，也就是说对于一些已经形成定式的变化，先不去过多琢磨如何在其中进行创新探索，而是先通过模拟练习去体会其特点。简而言之，以过去的经典棋局中总结出来的经验为参考，在实战中不断发现西班牙开局的奥妙。

第16课

开局：西班牙开局（二）

兑换变例

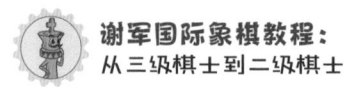

学习目标

1 了解西班牙开局兑换变例的特点，尝试记忆棋谱

2 通过对局练习，增强对开局变化的体会和认识

知识讲解

　　西班牙开局兑换变例是一种稳健的下法，子力兑换将棋局争斗的焦点快速转移到棋盘中心。兑换变例中贯穿着双方对某个重点格子、某个兵的合理位置以及轻子是否进行交换等具体问题的争斗，看似平淡的局面当中最大的潜在风险在于棋手会麻痹大意，以至于不知不觉中陷入对方摆下的圈套。

♛ 要点："另类"的西班牙开局

　　西班牙开局兑换变例最鲜明的特点就是白方早早地以象换马，令黑方在后翼上的兵形发生变化。也正是因为这样的局面特点，常规的西班牙开局行棋计划和思路在兑换变例当中并不适用。早早发生的棋子兑换令这个开局变例的棋局发展节奏变得相对平稳，黑白双方难以组织有效的攻王行动计划，兵形处理和棋子位置等棋局细节反而成为双方比拼的重要内容。

1.e4 e5 2.马f3 马c6 3.象b5 a6 4.象×c6（图1）

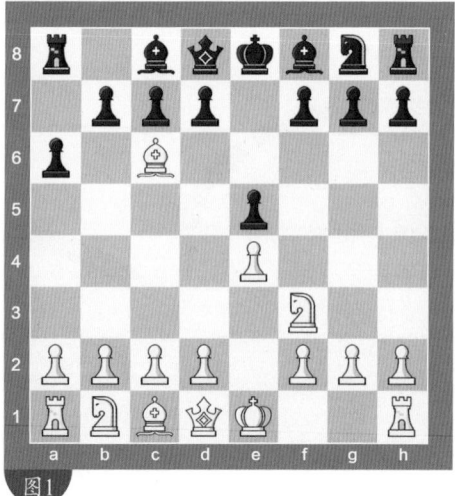

图1

白方以象换马，棋局的兵形结构随之发生重大改变。

4...d×c6（图2）

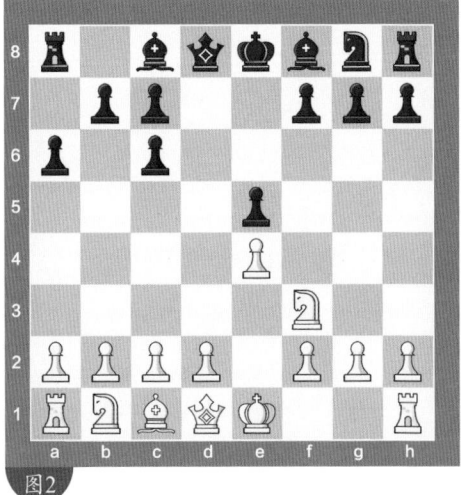

图2

为了令子力更快出动，黑方用d兵吃掉c6的象。如果黑方走4...b×c6，白方可以应以5.0−0 d6 6.d4，白方顺利挺进中心兵。

5.0−0（图3）

白方快速完成王车易位，子力出动顺利，接下来的行动目标是中心，白方可以找机会把子力调动到位之后挺兵到f4。

图3的局面中，黑方主要有以下几种应对方式。

图3

第1种

5...象g4（图4）

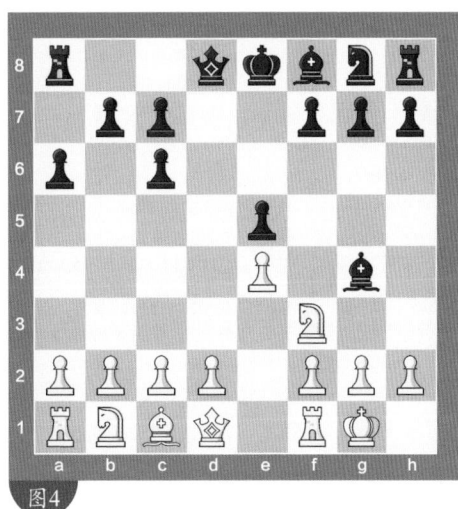

图4

黑方用象牵制白方的f3马，实现快速出子，同时阻止白方挺兵到d4。

6.h3 h5（图5）

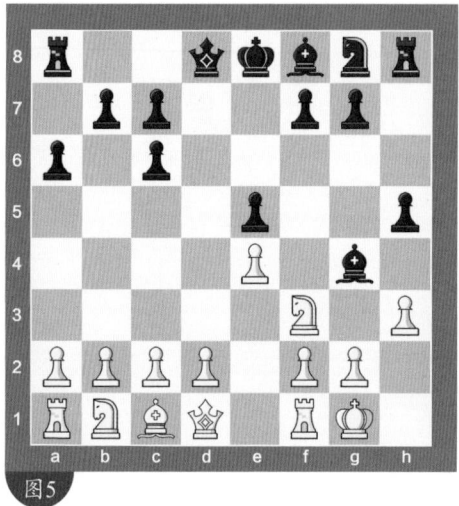

图5

如果黑方简单采取6...象×f3的走法，因为后翼上白方的兵形更完整，所以白方稍优。

7.d3

白方的王已经完成了短易位，现在选择吃象不好，因为7.h×g4 h×g4 8.马h2后h4后，黑方沿着h线的进攻势不可挡。

7...后f6 8.马bd2

白方选择稳健的下法。如果此时选择8.象e3 象×f3的下法，经过9.后×f3后×f3 10.g×f3 Bd6 11.马d2 马e7之后，双方形成均势局面。

8...马e7

黑方不能采取8...0-0-0的走法，因为9.h×g4 h×g4 10.马h2后h4之后，白方11.后×g4+的下法化解了黑方的进攻，白方多子。

9.车e1

如果此时白方选择吃象，经过9.h×g4 h×g4 10.g3 g×f3 11.后×f3 后h6 12.车e1 c5，双方机会大致均等。

9...马g6 10.d4!（图6）

图6

白方从中心另辟战场！注意，黑方的g4象是个"有毒的诱饵"，在10.h×g4 h×g4 11.马h2 象c5! 12.马df3 g×f3 13.马×f3 车h5! 14.象e3 马f4!之后，黑方的子

力全面扑向白方王前阵地。

10...马f4

10...exd4将遭遇11.e5后f5 12.h×g4 h×g4 13.马h2 车×h2 14.王×h2 后×f2 15.马 e4，白方获得胜势。

11.h×g4

如果白方选择11.d×e5，黑方将应以 11...后g6。

11...h×g4 12.g3!

白方不能走12.马h2?，否则黑方可以 采取12...马×g2!的突破手段，经过13.王 ×g2 车×h2!+ 14.王×h2 后×f2+ 15.王h1 g3之后，白方王城阵地受到威胁。

12...g×f3 13.后×f3 马e6 14.d×e5 后×e5

双方形成大致均势的局面。

第2种

5...f6（图7）

黑方采用最"扎实"的办法保护e5 兵，目的在于留给其他棋子更多的行动自 由。现在，白方势必要在中心挺d兵，因 为一旦错过了这个机会，无论接下来黑方 走兵到c5还是走象到c5，都会对白方中

心的行动起到很大的限制作用。

图7

6.d4 e×d4 7.马×d4

白方如果采取7.后×d4 后×d4 8.马×d4 象d7 9.象e3 0–0–0 10.马c3 象 b4 11.马de2 马e7的下法，双方将形成 均势的局面。

不过，白方即便此时采取用马吃d4 的下法，也难以阻止双方将沿着打开的d 线进行子力兑换的发展节奏。

7...c5 8.马e2

8.马b3 后×d1 9.车×d1 象g4 10.f3 象e6 11.象e3 b6 12.a4 王f7 13.马c3 象 d6的下法不能给白方带来优势。

8...后×d1 9.车×d1 象d7 10.马bc3
0-0-0 11.象e3 车e8 12.车d2 象c6（图8）

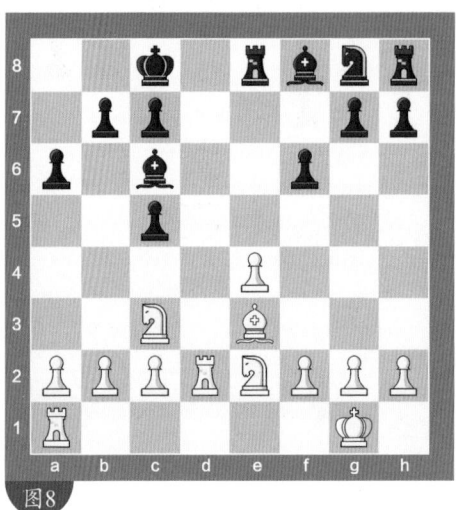

图8

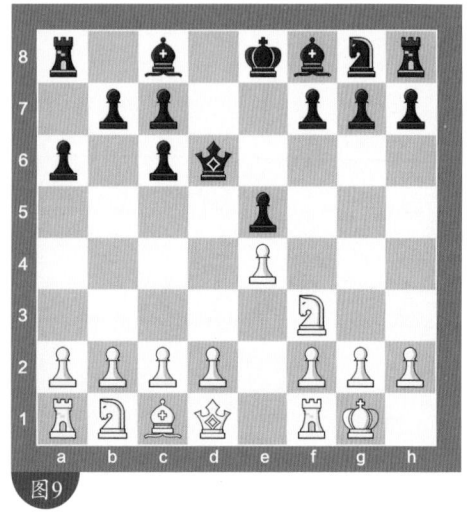

图9

伴随着后的兑换，棋局已经逐步转入残局。不过，千万不要小瞧类似局面的复杂程度，虽然双方阵营都没有什么明显的弱点，但是由于双车和众多轻子的存在，棋局争斗仍将是一个漫长的过程。

第3种

5...后d6（图9）

黑方用后防守e5兵的目的在于出动后翼子力，为长易位做好准备。如果黑方采取5...象d6的下法，将会放松对中心的监控，经过6.d4 exd4 7.后×d4 f6 8.象e3 马e7 9.马bd2 象e6 10.车ad1之后，白方获得稍优的局面。

6.马a3 象e6

e6象阻止了白方跃马到c4攻击d6后，黑方不要轻易走动后翼兵，在6...b5 7.c3 c5 8.马c2 象b7 9.d4的局面中，白方获得主动。

7.后e2

在7.马g5 象d7 8.马c4 后g6 9.d4 f6的变化中，黑方借势将棋子位置进行调整。

7...f6 8.车d1

在8.马c4 后d7 9.车d1 c5 10.c3 象g4的变化中，黑方出子顺畅。

8...象g4 9.c3 后e6 10.马c2 象d6
11.d4（图10）

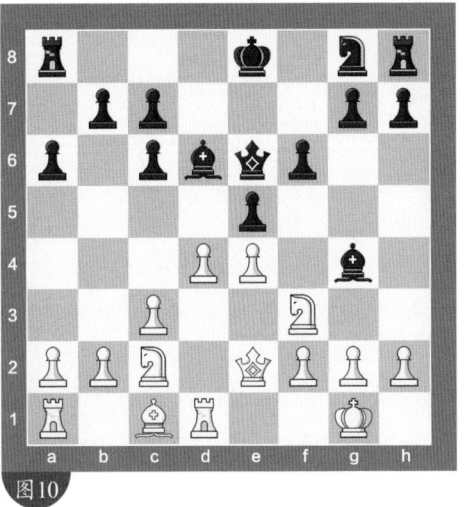

图10

白方在中心的行动上略占主动，双方面临的将是漫长细致的对决。

课后作业

1 复习本课知识内容，加强对西班牙开局兑换变例棋谱的学习和记忆。

2 通过对局练习加强对西班牙开局兑换变例的理解。

3 按照训练计划完成本书的习题。

冠军课堂

西班牙开局兑换变例中白方采取以我为主的策略，目的在于通过率先行动限制黑方开局时选择多种变化的可能性。兑换变例的局面发展相对平稳，白方假如能够在王翼上组织有效攻势，将会在空间主动权方面占得上风。黑方的战斗主要围绕争夺中心和预防白方王翼行动方面展开。这个开局变化容易产生子力兑换从而使局面快速转入残局，棋子位置的细微变化和兵形特点均对棋局发展产生影响，棋手在这个开局变化中要非常有耐心。